Mein großer bunter

Vorschul-Block

ab 5

Zahlen, Buchstaben, Konzentration

von
Dr. Birgit Ebbert

KARLA

Klett Lerntraining

Vorwort

Liebe Eltern,

Sie möchten Ihr Kind spielerisch und ganz nebenbei fördern?
Mein großer bunter Vorschul-Block: eine richtige Entscheidung.

Mit den kindgerechten Themen und kunterbunten Aufgaben, kann Ihr Kind wichtige Grundlagen üben, die für den späteren Lernerfolg relevant sind:

   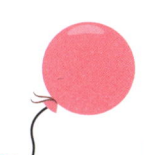  

Feinmotorik

Diese Übungen trainieren die sichere Stiftführung und bereiten aufs Schreiben vor.

Erste Buchstaben

Ihr Kind lernt erste Buchstaben kennen, die Grundlage des Leselernprozesses.

Zahlen und Mengen

Hier werden erste Erfahrungen zu mathematischem Denken gemacht.

Formen und Farben

Erste geometrische Grunderfahrungen fördern das Formen- und Farbverständnis.

logisches Denken

Zusammenhänge erkennen und abstrahieren können sind wichtig für den späteren Lernerfolg.

Konzentration

Genaues Hinschauen und Beobachten fördern die Konzentration und Aufmerksamkeit.

Diese Kennzeichnung durch Luftballons finden Sie bei jeder Aufgabe.
So sehen Sie auf einen Blick, welche Fähigkeit besonders gefördert wird.

Durch einfache Symbole in der Aufgabenstellung erkennt Ihr Kind ganz leicht, wie es die Aufgaben bearbeiten soll.

verbinden   den Weg durchs Labyrinth finden   Schwünge üben   ausmalen   einkreisen

Und nun – los geht's!

Viel Vergnügen wünscht
Ihre Vorschul-Redaktion

Ich Komme in die Schule!

 Was gehört in die Schultasche?
Verbinde die Dinge mit der Tasche.

NAME:

 Schreibe deinen Namen in das freie Feld!

Reise in die Urzeit

 Wer lebte vor langer Zeit und hat sich hier versteckt?
Male die Felder in den richtigen Farben aus.

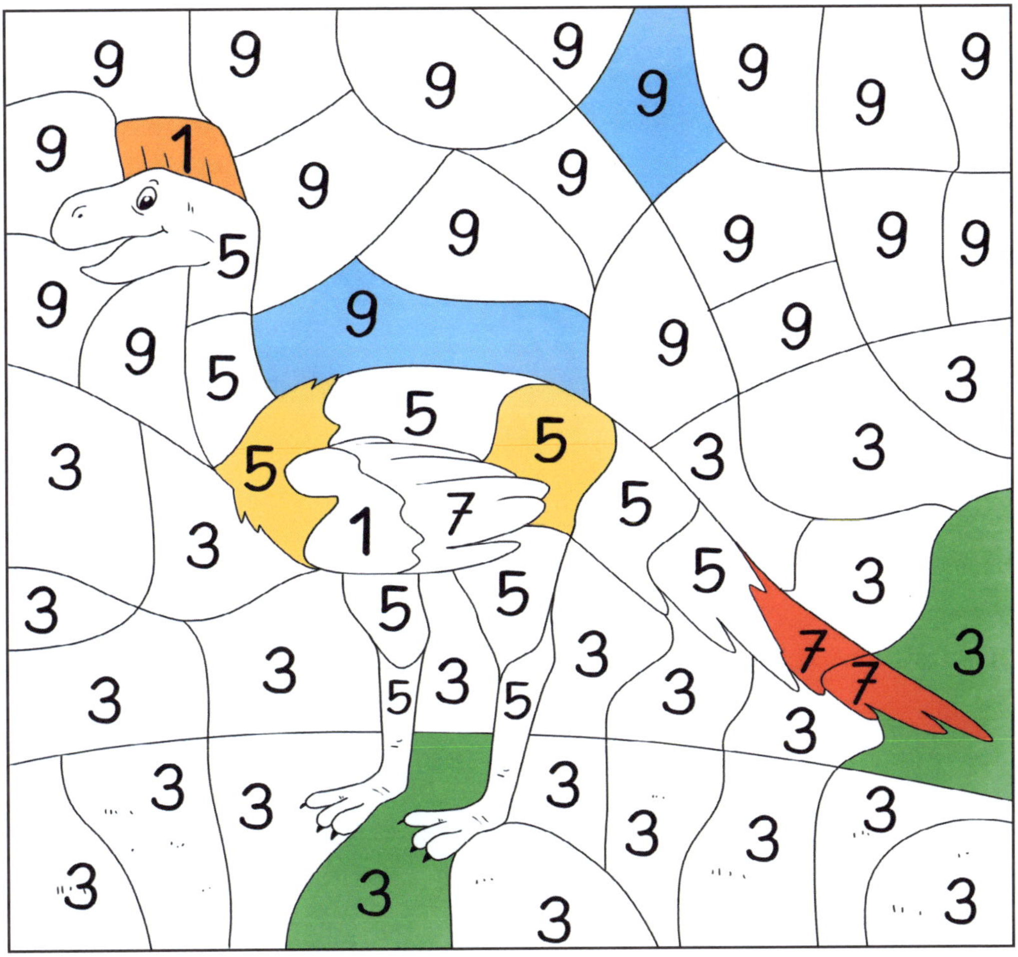

Pit und Paul auf großer Fahrt

 Die Piraten Pit und Paul beladen ihr Schiff.
Pit rollt Fässer. Paul bringt Bretter an Bord.
Zeichne ihre Bewegungen nach.

Auf dem Kindergeburtstag

 Auf Lottas Kindergeburtstag werfen Kinder Ringe auf Dosen.
Welcher Ring trifft welche Dose? Verbinde.

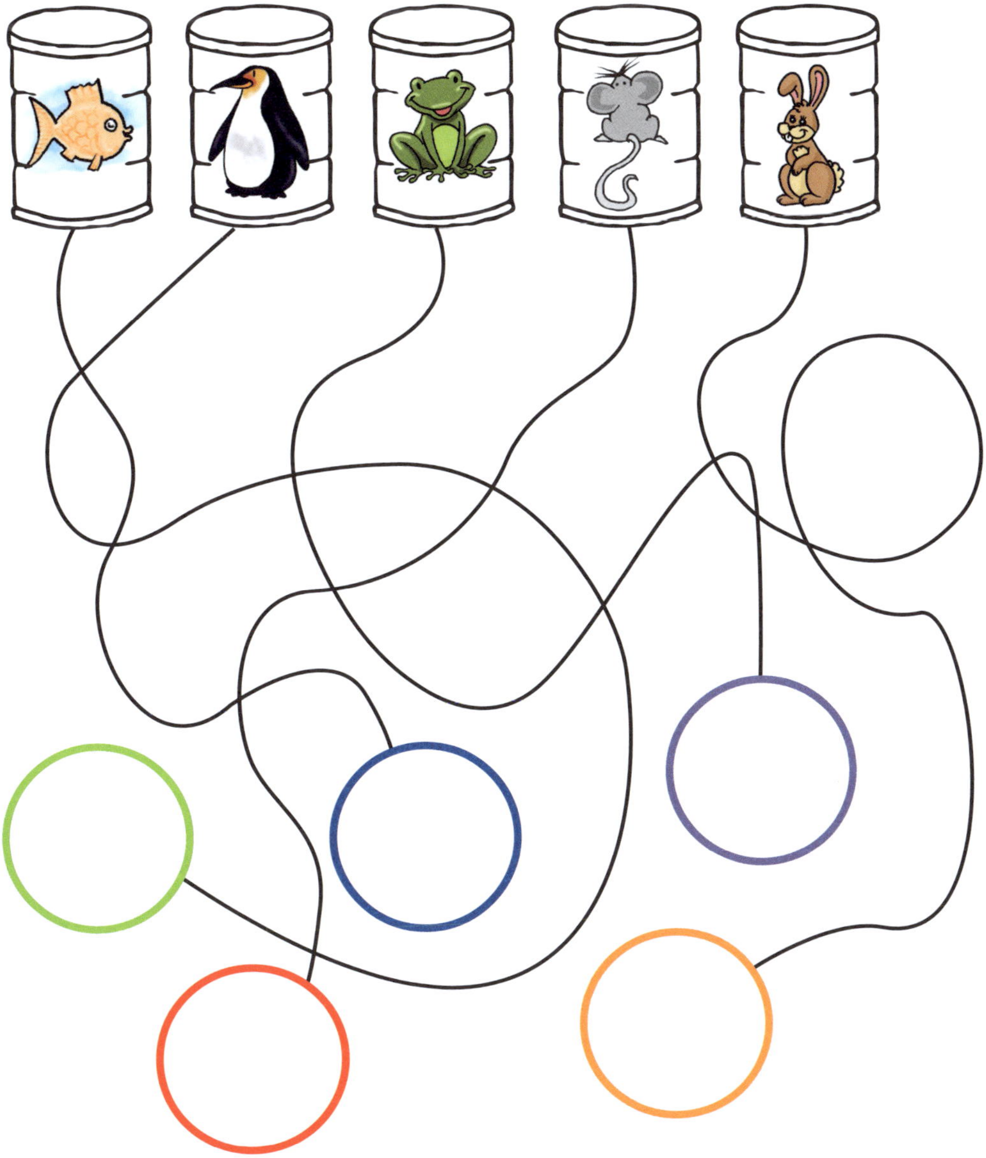

Kater
Karlo

 Findest du unten die Buchstaben zu diesem Wort?
Male sie in den richtigen Farben aus.

K A T E R

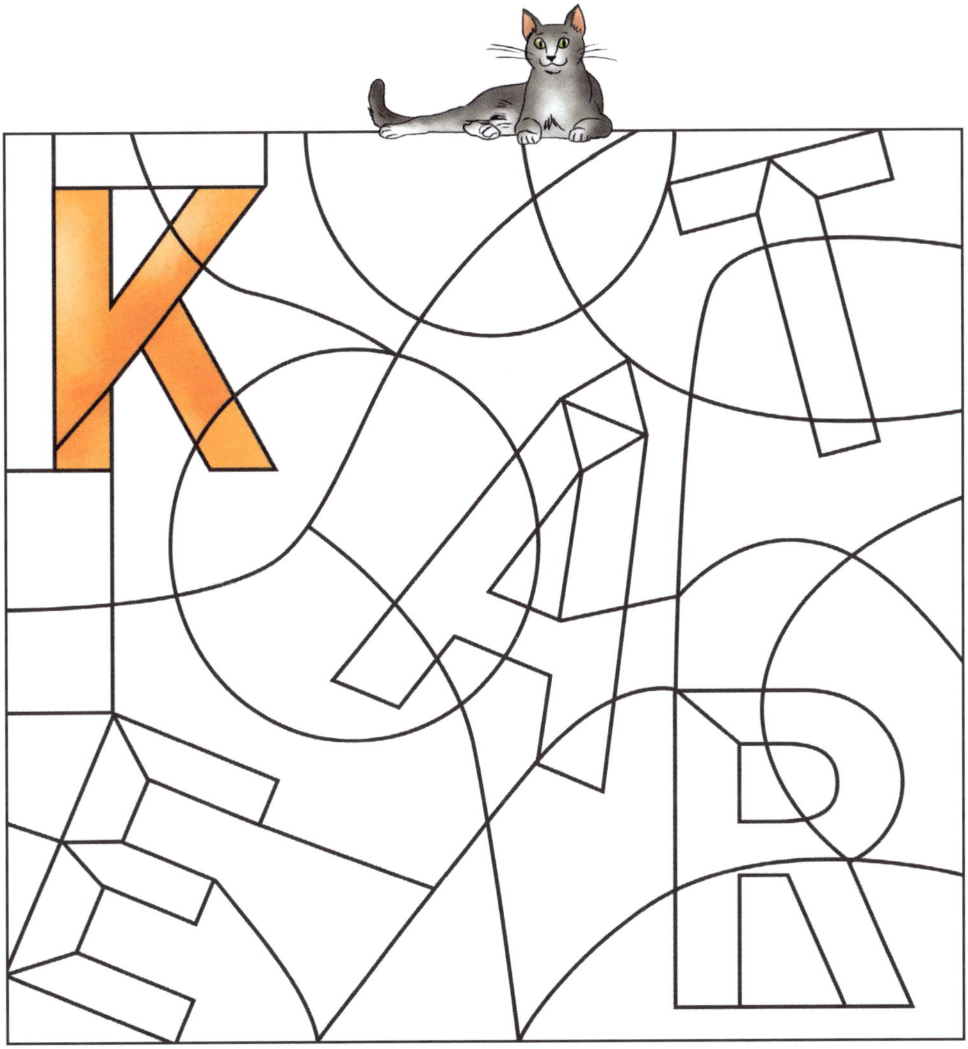

Herbstwind

Sprich das Wort laut.
Mit welchem Buchstaben beginnt das Wort?
Verbinde das Bild mit dem passenden Anlaut.

NEST

WAL

DREIRAD

INDIANER

W

I

N

D

Was ziehe ich an?

 Was ziehst du an, wenn du in den Kindergarten gehst? Kreise ein.

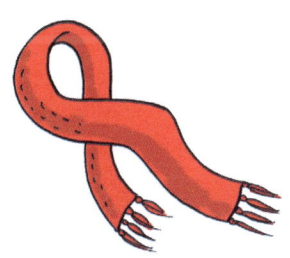

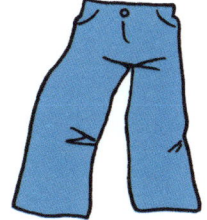

Den Dinos auf der Spur

 Welcher Dino versteckt sich hier?
Verbinde die Zahlen von Punkt zu Punkt.

1—2—3—4—5—6—7—8—9—10—
11—12—13—14—15—16—17—18—19—20

20

1

3

19

2

4

9

5

18

17

14

13

12

8

6

11

10

16

15

7

HoKus, poKus

Die Zauberer machen eine Zaubershow.
Mit einem Zauberspruch haben sie sich verdoppelt.
Jetzt sind immer zwei Zauberer gleich.
Verbinde sie miteinander.

Mias PerlenKette

 Mia bastelt eine Kette. Die Perlen wiederholen sich. Male die Perlen in den richtigen Farben aus.

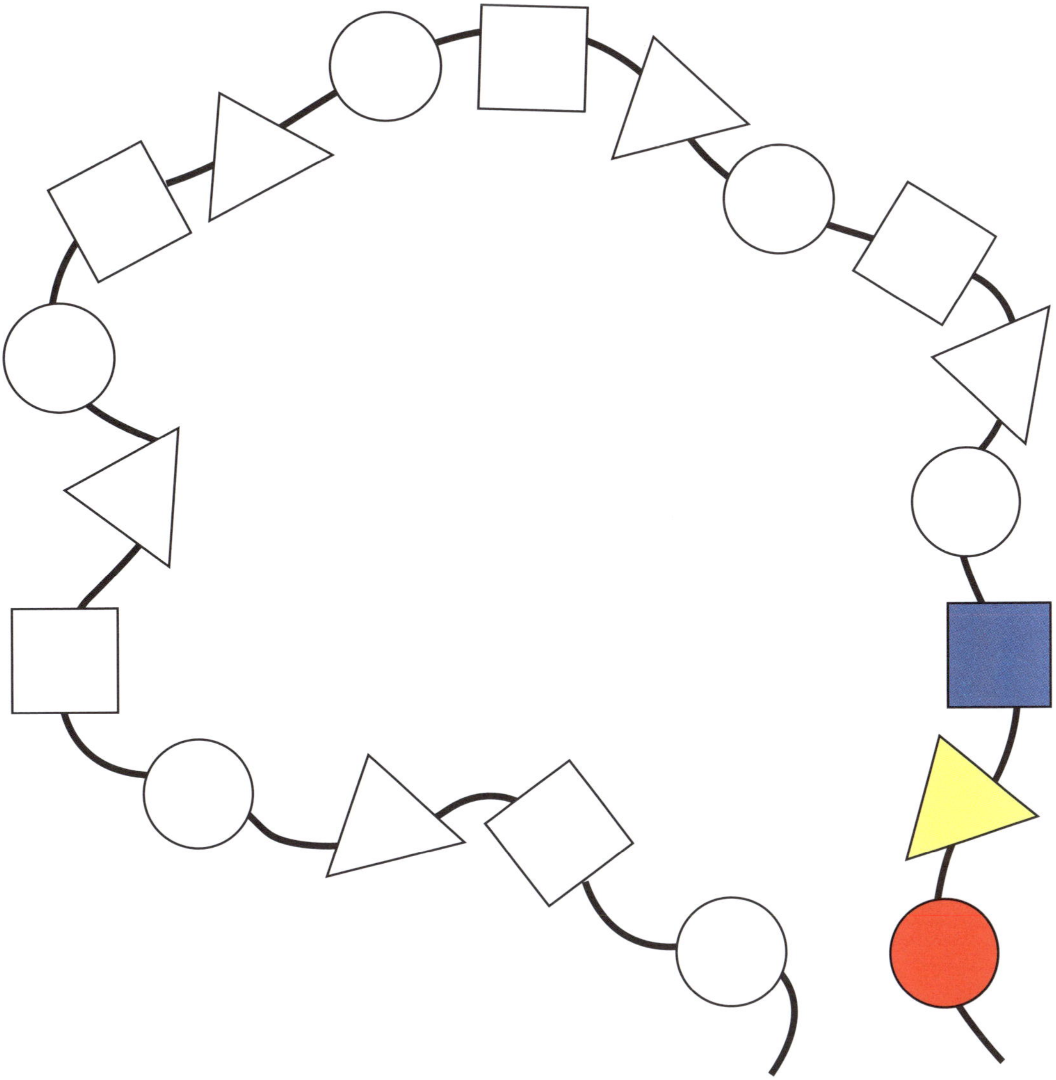

 Finde den Weg durchs Labyrinth.

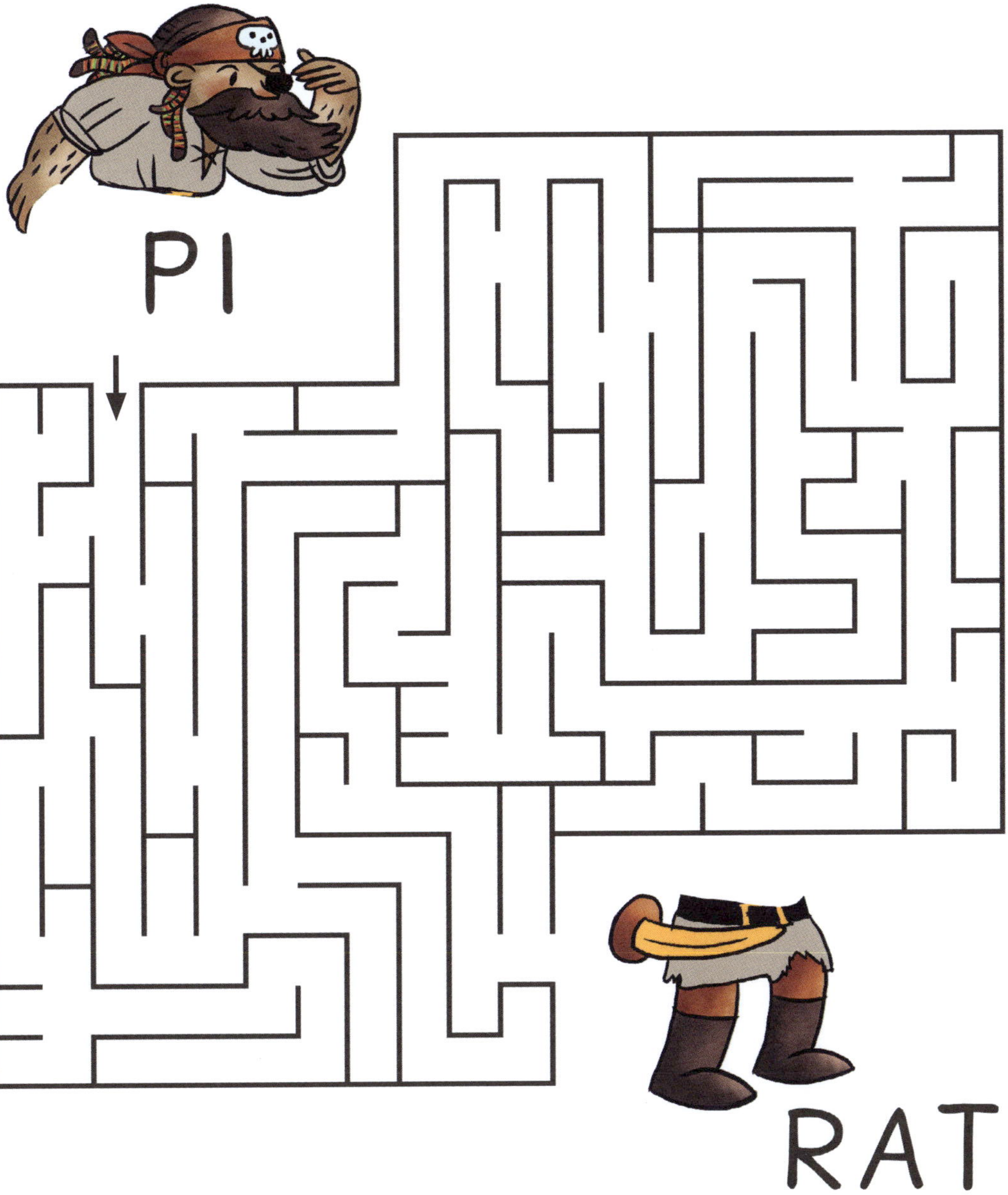

PI

RAT

A wie Ampel

 Sprich das Wort laut.
Mit welchem Buchstaben beginnt das Wort?
Verbinde das Bild mit dem passenden Anlaut.

AMPEL

MUND

PALME

ENTE

LÖWE

 L

 A

 M

 P

 E

Mein Schuh ist weg!

Hilfst du allen großen und kleinen Leuten, ihren zweiten Schuh zu finden?
Male beide Schuhe gleich an.

Am Meer

 „Sieh nur, da ist ein Dampfschiff!", ruft Enzo.
„Und dort springt ein Delfin", freut sich Ina.
Spure die Linien nach.

 Ein Ichthyosaurus lebte im Wasser.
Findest du diese Dinge im Bild wieder? Kreise ein.

  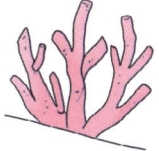 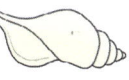 

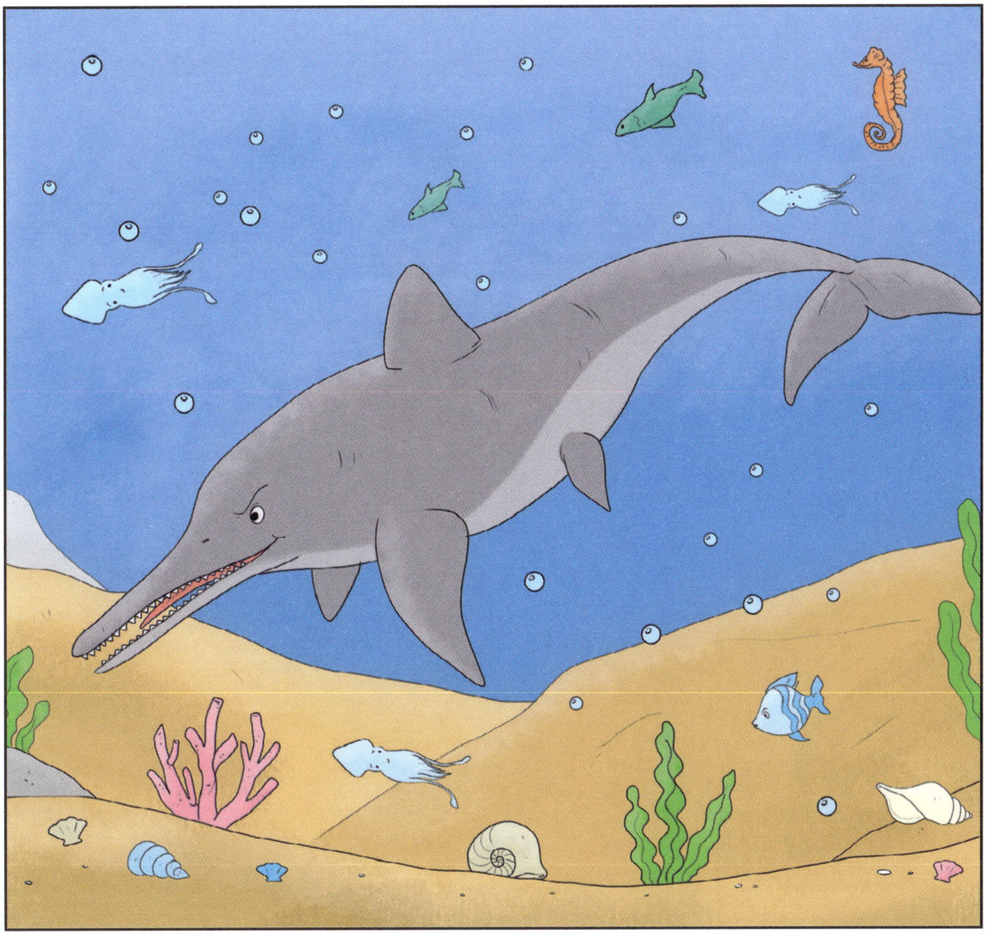

O wie Ofen

 Sprich die Wörter laut und hör genau hin.
Kreise ein, wenn du ein O hörst.

Alles Zauberei!

 Was zaubert Zauberer Zappelzahn?
Male die Felder in den richtigen Farben aus.

2	4	6	8	10

Die Piraten Kommen!

Die Piraten wollen über das Meer segeln.
Kannst du ihnen helfen das Segel zu hissen.
Verbinde die Buchstaben von A bis Z.

A — B — C — D — E — F — G — H — I — J — K — L — M —
N — O — P — Q — R — S — T — U — V — W — X — Y — Z

Reime reimen

Da purzelt Opas Hemdenknopf
in seinen großen Suppentopf.
Verbinde die Wörter, die sich reimen.
Denke dir ein Gedicht dazu aus.

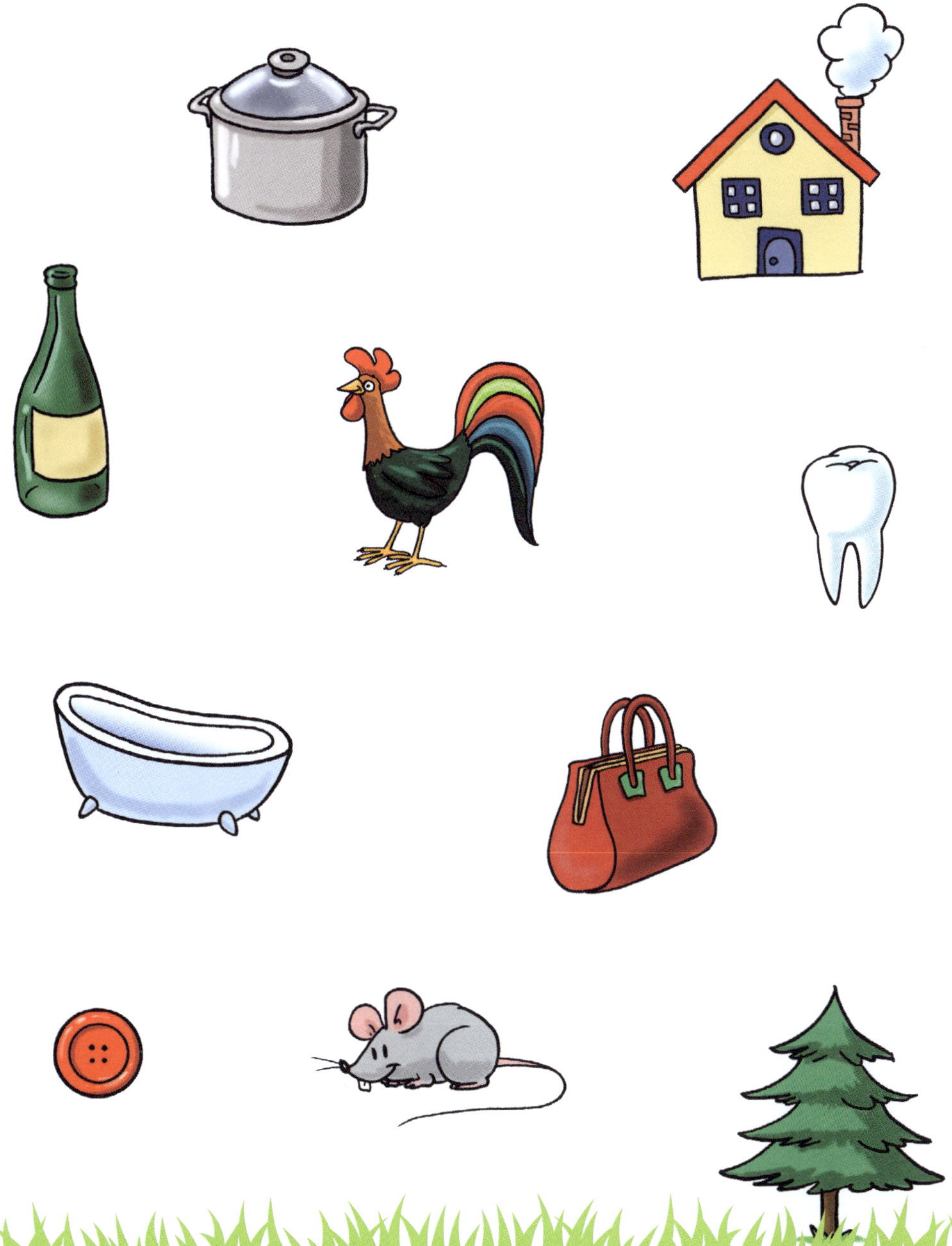

Im Dinopark

Die Dinos im Dinopark werfen Schatten
an die Wand der Ausstellungshalle.
Male die Schatten in den richtigen Farben aus.

Sprich das Wort laut.
Mit welchem Buchstaben beginnt das Wort?
Verbinde das Bild mit dem passenden Anlaut.

MOND

NILPFERD

KIRSCHEN

OHR

LEITER

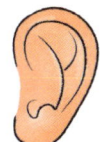

K

L

M

N

O

Gute Nacht Leon

 Abends räumt Leon sein Spielzeug in Kisten.
Welche Dinge gehören in welche Kiste? Verbinde.

Tiere in Australien

 Das kleine Kängurumädchen hüpft durch den Sand.
Da trifft es auf den Skorpion.
Zeichne die Linien nach.

Wo ist nur der Schatz?

 Hier ist kein Schatz!", ruft Sami durstig.
„Ich schaue nochmal auf der Schatzkarte nach, der Schatz muss irgendwo hier liegen", grübelt Tim. Verbinde die Puzzleteile mit den richtigen Stellen im Bild.

So viele Schnecken!

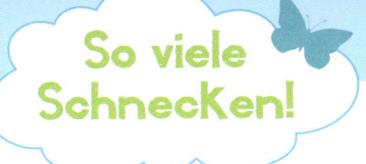

Findest du die 6 Schnecken in Oma Gretas Garten? Kreise sie ein.

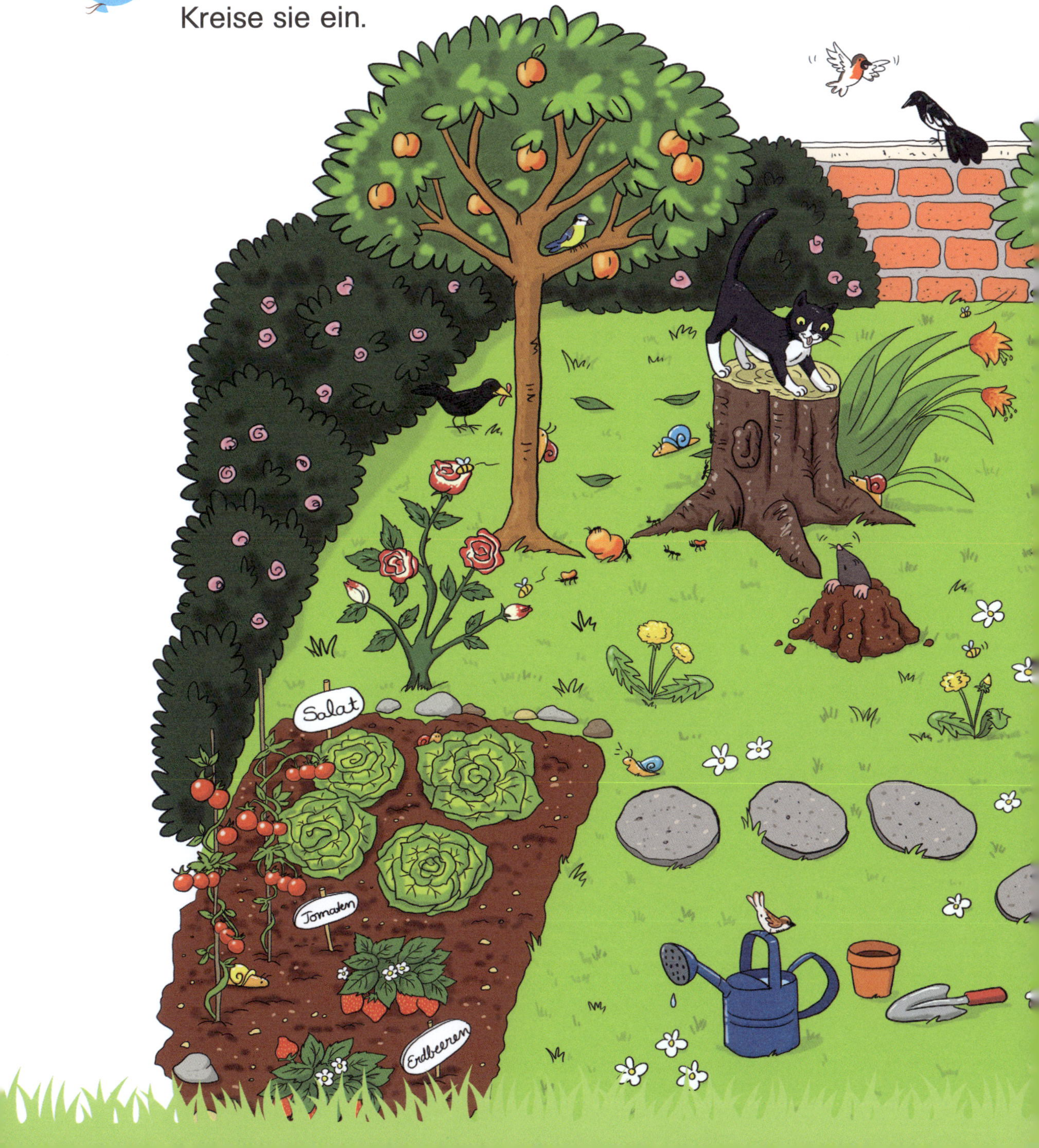

Salat
Tomaten
Erdbeeren

Riesen der Urzeit

 Wer versteckt sich hier hinter Blättern?
Male die Flächen in den richtigen Farben aus.

  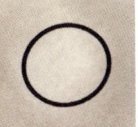  

Der Zauberer mit dem Raben

Wer hält hier den Zauberstab?
Verbinde die Zahlen von 1 bis 20.
Überlege, was könnte der Zauberer zaubern?

1 — 2 — 3 — 4 — 5 — 6 — 7 — 8 — 9 — 10 —
11 — 12 — 13 — 14 — 15 — 16 — 17 — 18 — 19 — 20

Der Schmetterling

Ups, der Schmetterling hat ja nur einen Flügel.
Male mithilfe der Kästchen den Schmetterling fertig.
Fällt es dir noch schwer, dann benutze einen Spiegel
und lege ihn an die Linie.

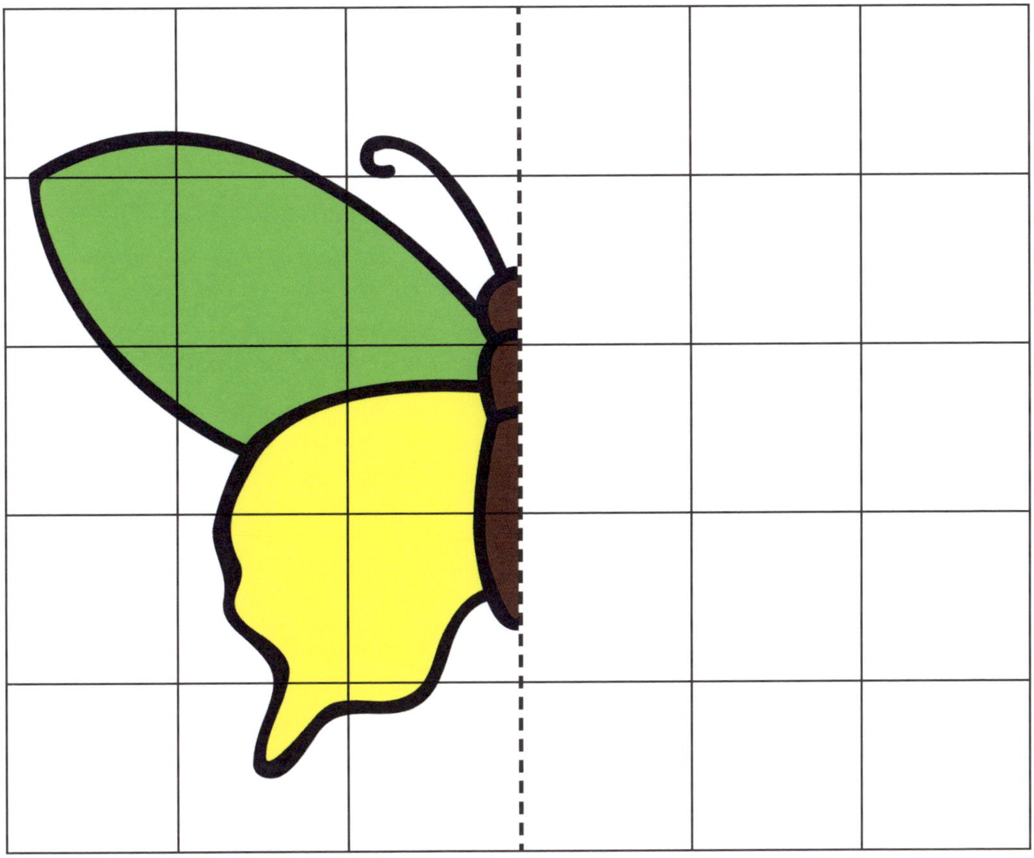

Sprich das Wort laut.
Mit welchem Buchstaben beginnt das Wort?
Verbinde das Bild mit dem passenden Anlaut.

NUSS

OHR

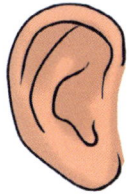

YAK

PINGUIN

P

O

N

Y

Ich komme zu dir!

Können die beiden Dinosaurier zusammenfinden?
Finde den Weg durchs Labyrinth.

Was hat sich hier eingeschlichen?

 In jeder Reihe passt ein Bild nicht zu den übrigen Bildern.
Kreise es ein.

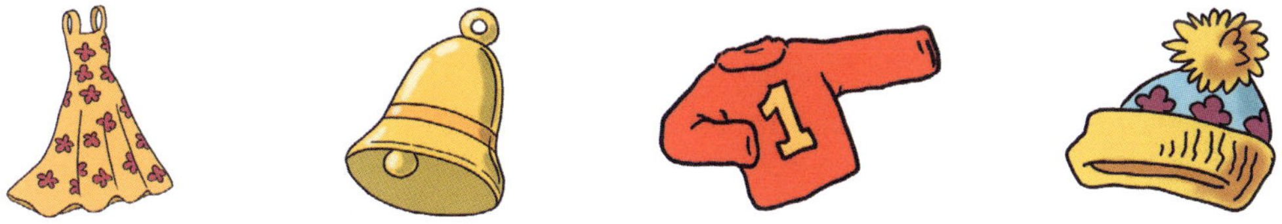

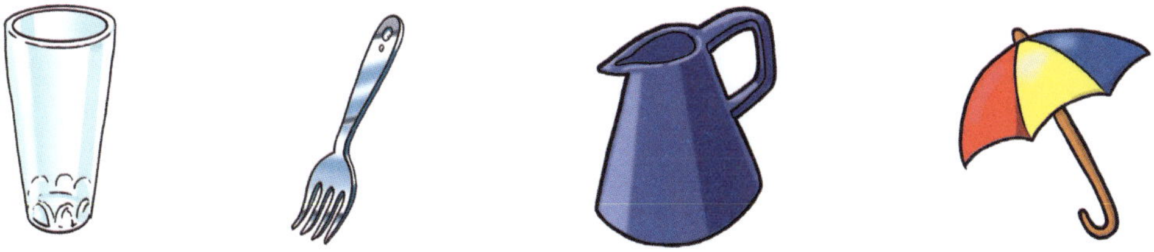

Florian findet einen Schatz

Pirat Florian hat einen wertvollen Schatz gefunden.
Verbinde die Buchstaben von A bis Z,
dann siehst du wie Florian aussieht.

A — B — C — D — E — F — G — H — I — J — K — L — M —
N — O — P — Q — R — S — T — U — V — W — X — Y — Z

Zahlensalat

Kannst du diese Zahlen im Zahlensalat unten finden?
Male sie in den richtigen Farben aus.

2 4 5 6 8

Größer oder Kleiner?

Der Elefant ist größer als der Affe.
Schau dir die Dinge an, die in einem
Kästchen zu sehen sind.
Kreise das Ding ein, das größer ist.

Dreieck, Quadrat, Kreis und mehr

 Male die Flächen in den richtigen Farben aus.

Hier ist etwas los!

Im Piratendorf ist etwas los!
Max jongliert mit Messern, andere baden in Fässern.
Wie viele Dinge zählst du? Verbinde.

 2

 6

 5

 4

 3

Der Zeltausflug

 Nele schaut Fotos von ihrem Zeltausflug im Sommer an. Doch auf einem Bild haben sich 6 Fehler eingeschlichen. Betrachte die Bilder genau. Kreise ein, wo etwas fehlt.

Große Urtiere

 Zeichne die Zähne und Rückenplatten der Dinosaurier nach.

Sprich das Wort laut.
Mit welchem Buchstaben beginnt das Wort?
Verbinde das Bild mit dem passenden Anlaut.

BESEN

RABE

HEXE

RABE

TOPF

UHU

R

T

B

U

H

So viele Figuren!

 Male die Figuren in den richtigen Farben aus.

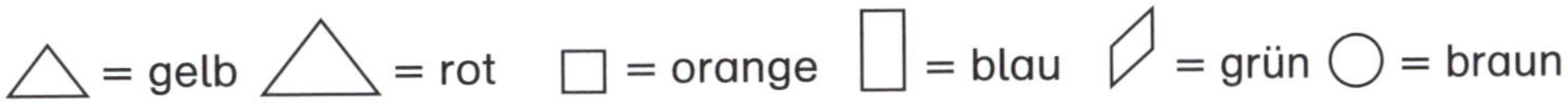

△ = gelb △ = rot ☐ = orange ▯ = blau ▱ = grün ○ = braun

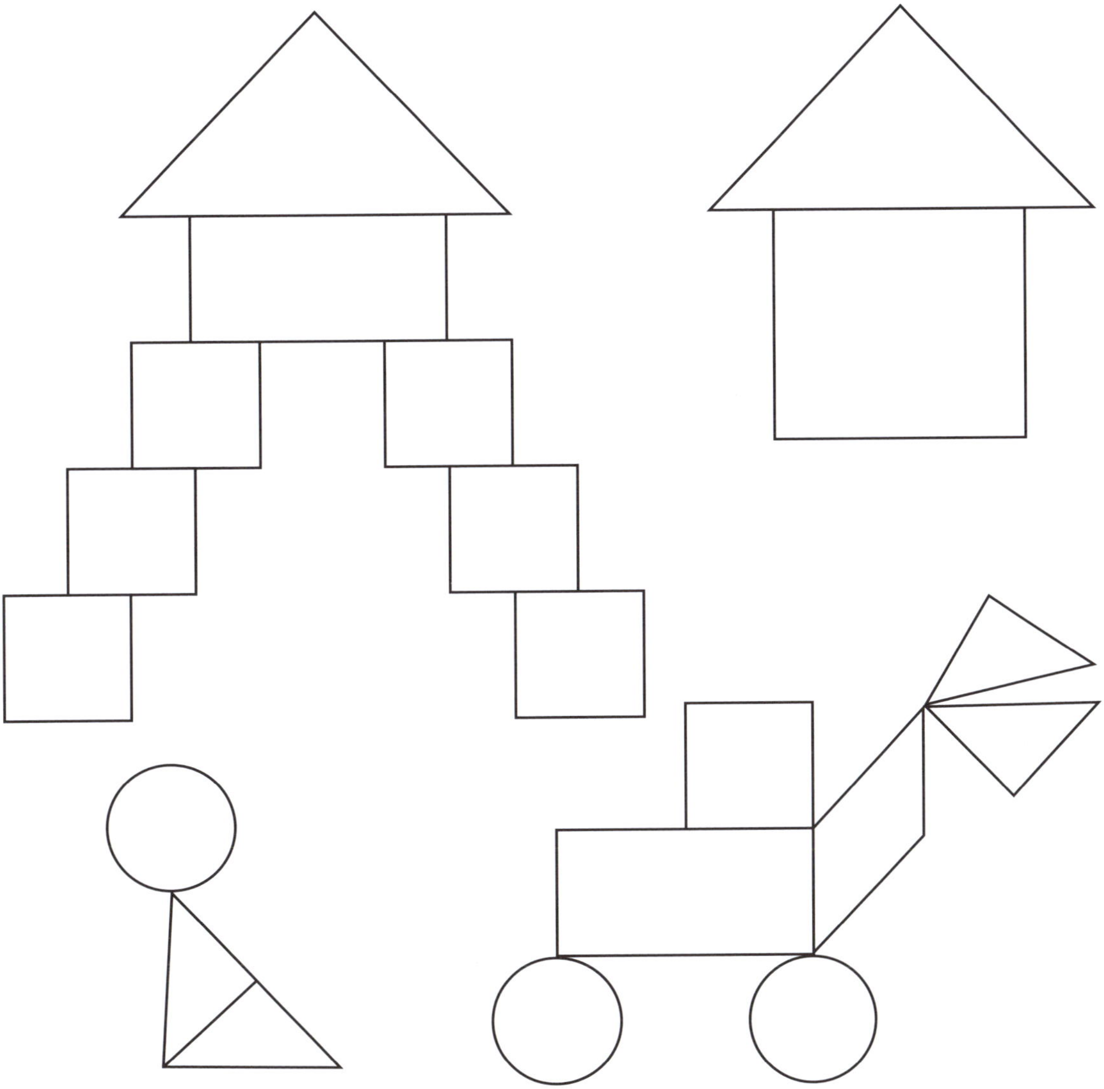

Entdeckst du diese Zahlen im alten Schlossfenster?
Male die Zahlen in den richtigen Farben aus.

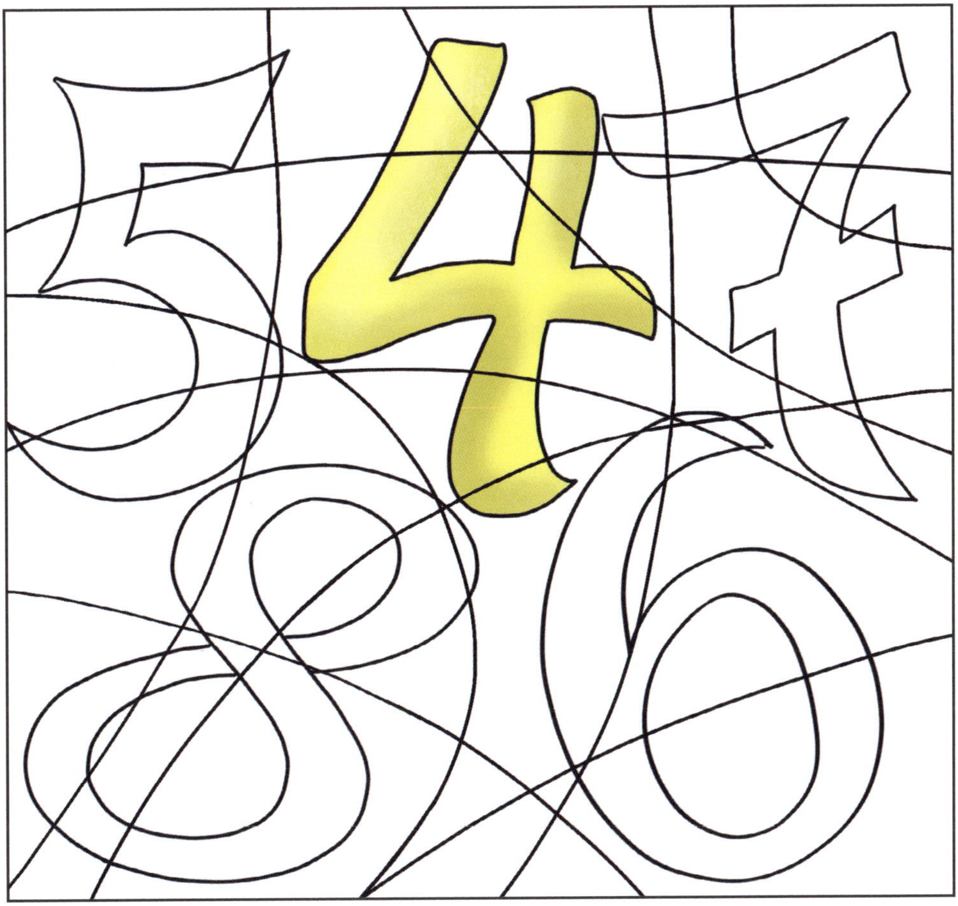

Auf dem Weg zum Meer

 Findet der Dinosaurier den Weg durch den Fluss zum Meer? Zeige ihm den Weg.

Was kommt denn da?

 Kreise alles was auf der Straße fährt **grün** ein.
Kreise alles was im Wasser fährt **blau** ein.
Kreise alles was fliegt **gelb** ein.

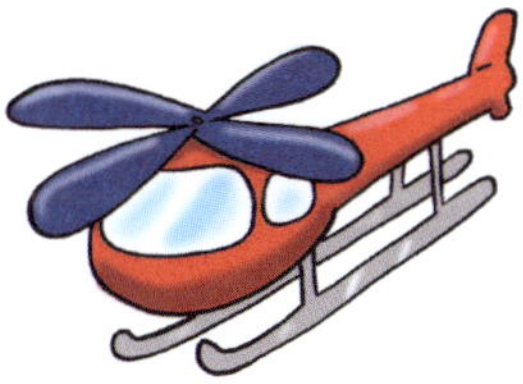

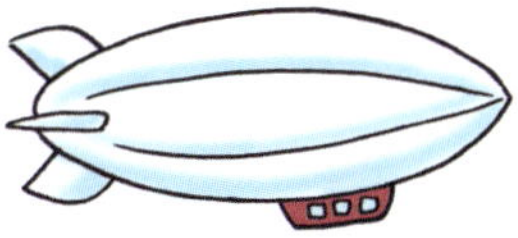

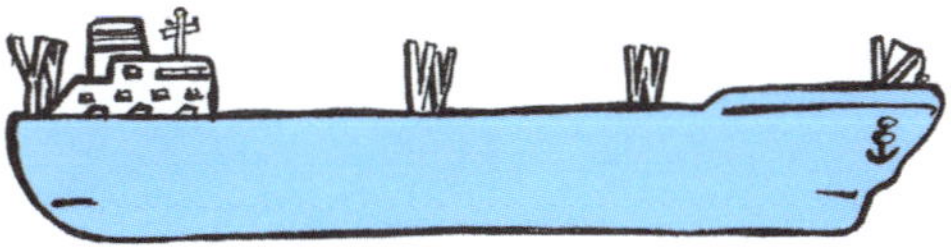

Volle Fahrt voraus!

 Wer ist denn hier unterwegs?
Verbinde die Zahlen 1 bis 20.

1 — 2 — 3 — 4 — 5 — 6 — 7 — 8 — 9 — 10 —
11 — 12 — 13 — 14 — 15 — 16 — 17 — 18 — 19 — 20

Buchstabentiere

 Was schwimmt denn hier im See?
Kennst du diese Buchstaben schon?
Verbinde immer die gleichen Buchstaben.

Tierfreunde

Die Freunde von Hund Henri, Katze Kati und
Frosch Ferdi sehen genau gleich aus, wie sie.
Male die drei Tiere in den richtigen Farben aus.

Flieg mit!

 Wer fliegt hier über das Land?
Male die Felder in den richtigen Farben aus.

| 2 | 4 | 6 | 8 | 10 |

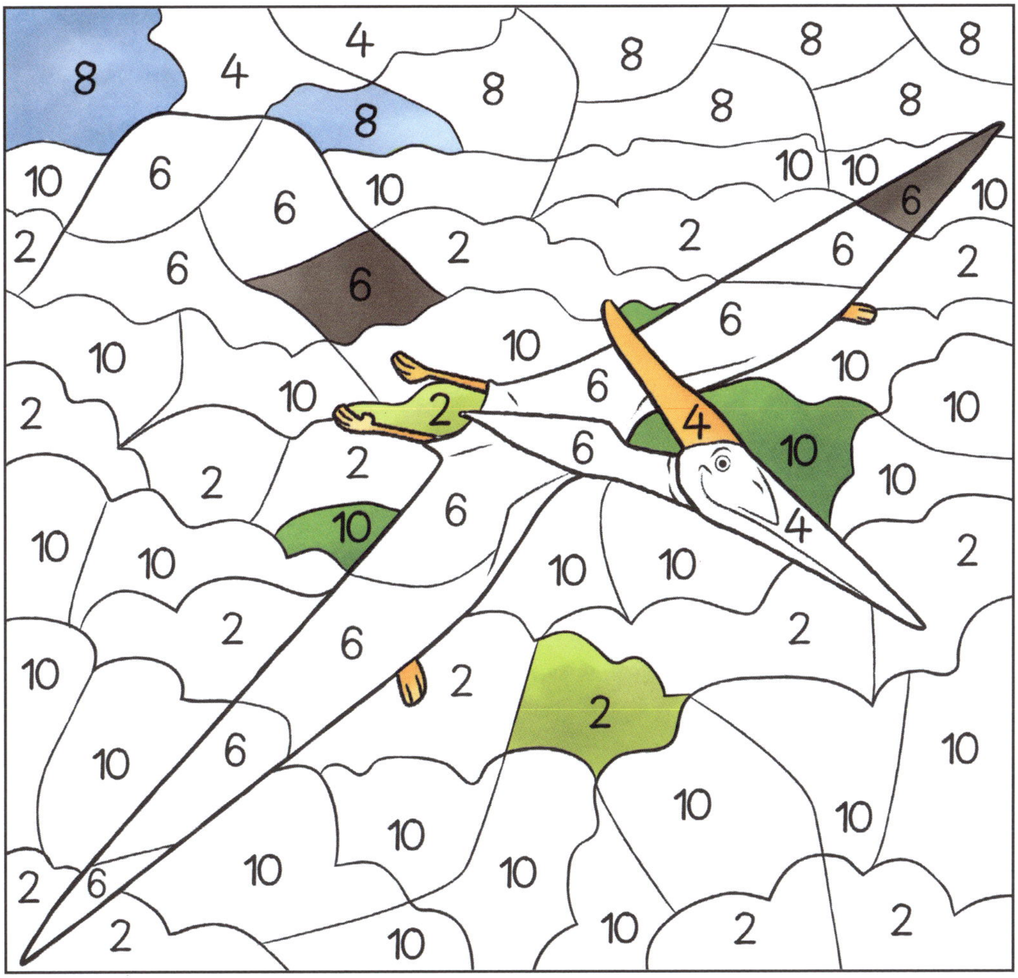

 Finde die Buchstaben im Bild unten wieder,
und male sie in den richtigen Farben aus.

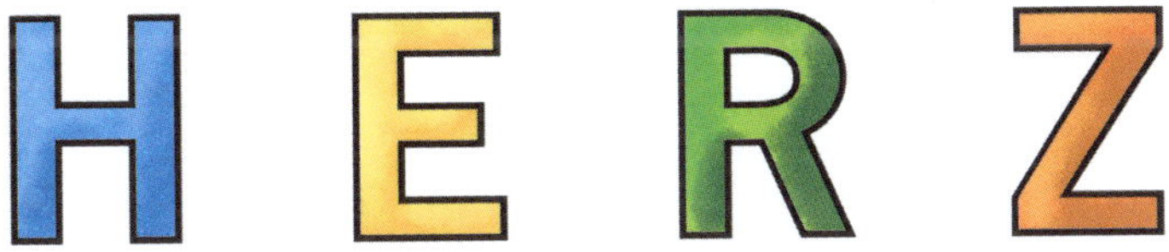

H E R Z

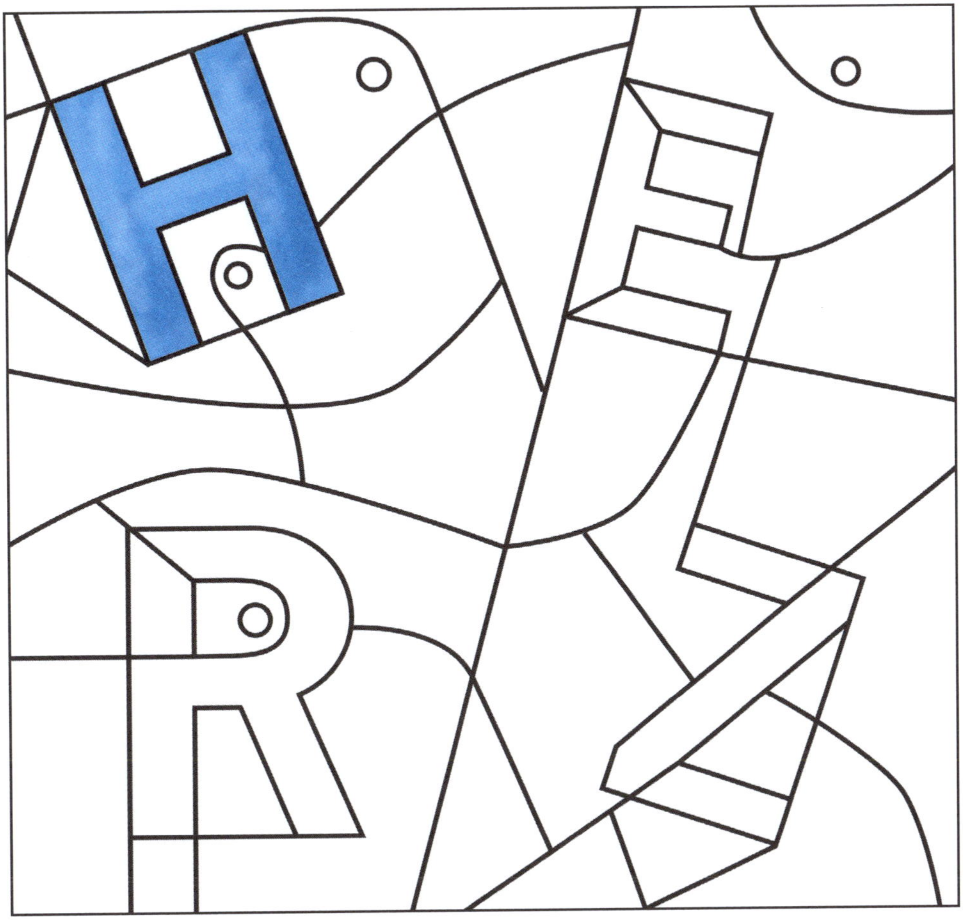

 Male viele Herzen auf diese Seite.

Herbstzeit ist Kürbiszeit

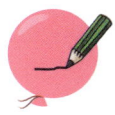

Welcher Schatten gehört zum Kürbis?
Und welcher Deckel passt?
Verbinde jeweils mit Linien.

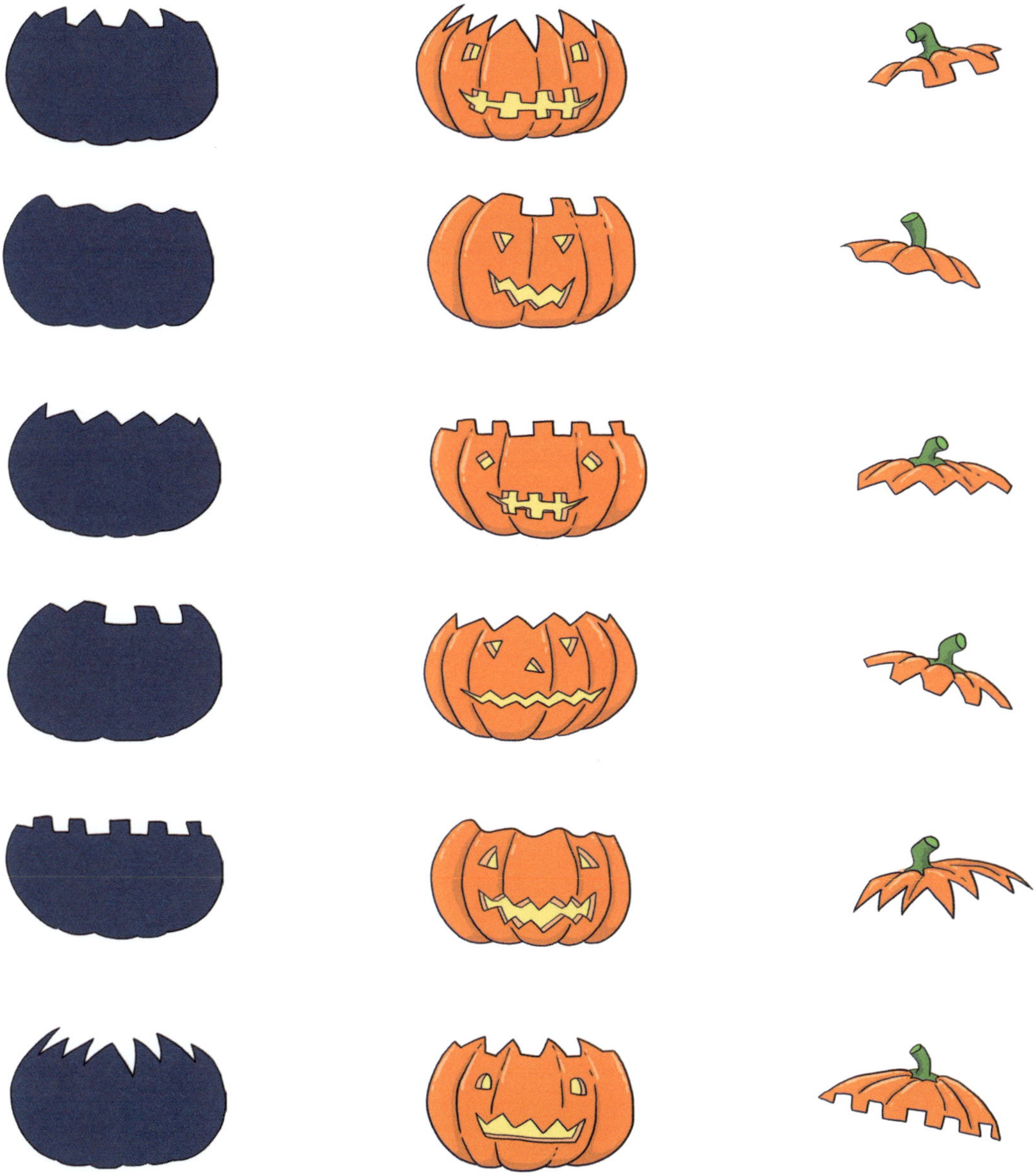

E wie Esel

Sprich das Wort laut.
Mit welchem Buchstaben beginnt das Wort?
Verbinde das Bild mit dem passenden Anlaut.

ESEL

NASE

KNOPF

WAL

BILD

K

E

B

N

W

Bilder im Sand

 Was haben die Piraten hier in den Sand gemalt?
Male das Mandala in den richtigen Farben aus.

Zusammen-geKlebt

 Jana bastelt Wörter.
Immer zwei Bilder ergeben ein neues Wort. Verbinde.

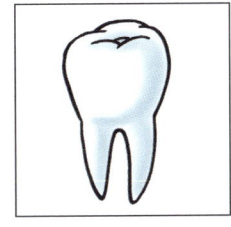  

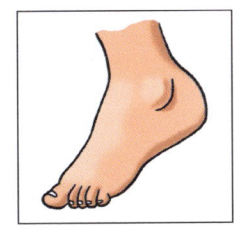 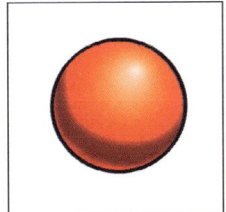 

Kisten voll Gold

 Verbinde von 1 bis 20, und
male die Schatzkiste aus.

1 — 2 — 3 — 4 — 5 — 6 — 7 — 8 — 9 — 10 —
11 — 12 — 13 — 14 — 15 — 16 — 17 — 18 — 19 — 20

Über alle Berge

Der Dinosaurier fliegt über die Berge.
Und wer hat hier Spuren hinterlassen?
Zeichne die Wege nach.

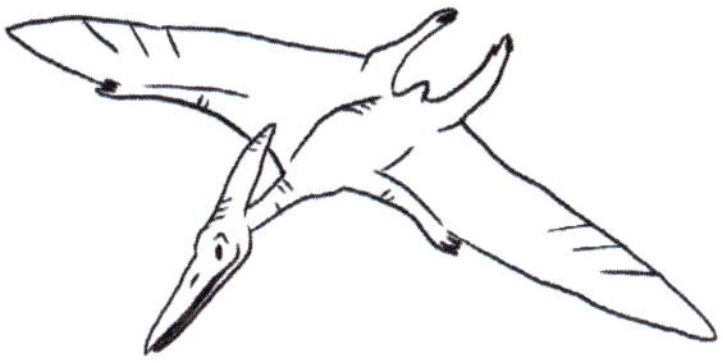

An der Ampel

Weißt du, wann du über die Ampel gehen darfst
und wann du stehen bleiben musst?
Male die Ampelmännchen in den richtigen Farben aus.

G wie Giraffe

Sprich das Wort laut.
Mit welchem Buchstaben beginnt das Wort?
Verbinde das Bild mit dem passenden Anlaut.

GIRAFFE

BUCH

FLIEGE

OHR

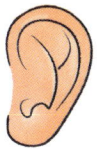

ZIEGE

O

Z

F

G

B

Im Tal der Dinosaurier

 Immer zwei Dinosaurier sind gleich.
Findest du sie? Verbinde.

Manege frei!

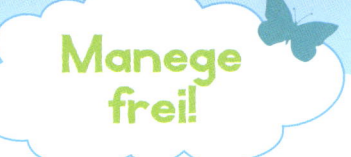

Tiger Tino möchte auf seinen Hocker.
Zeige ihm den Weg durchs Labyrinth.

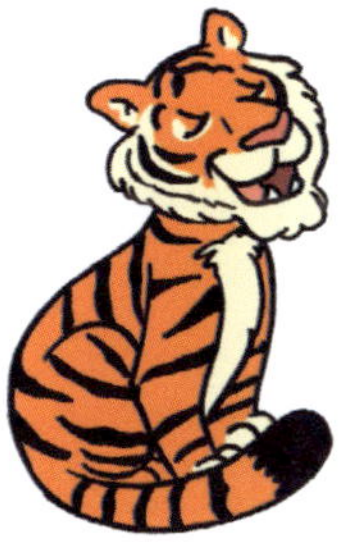

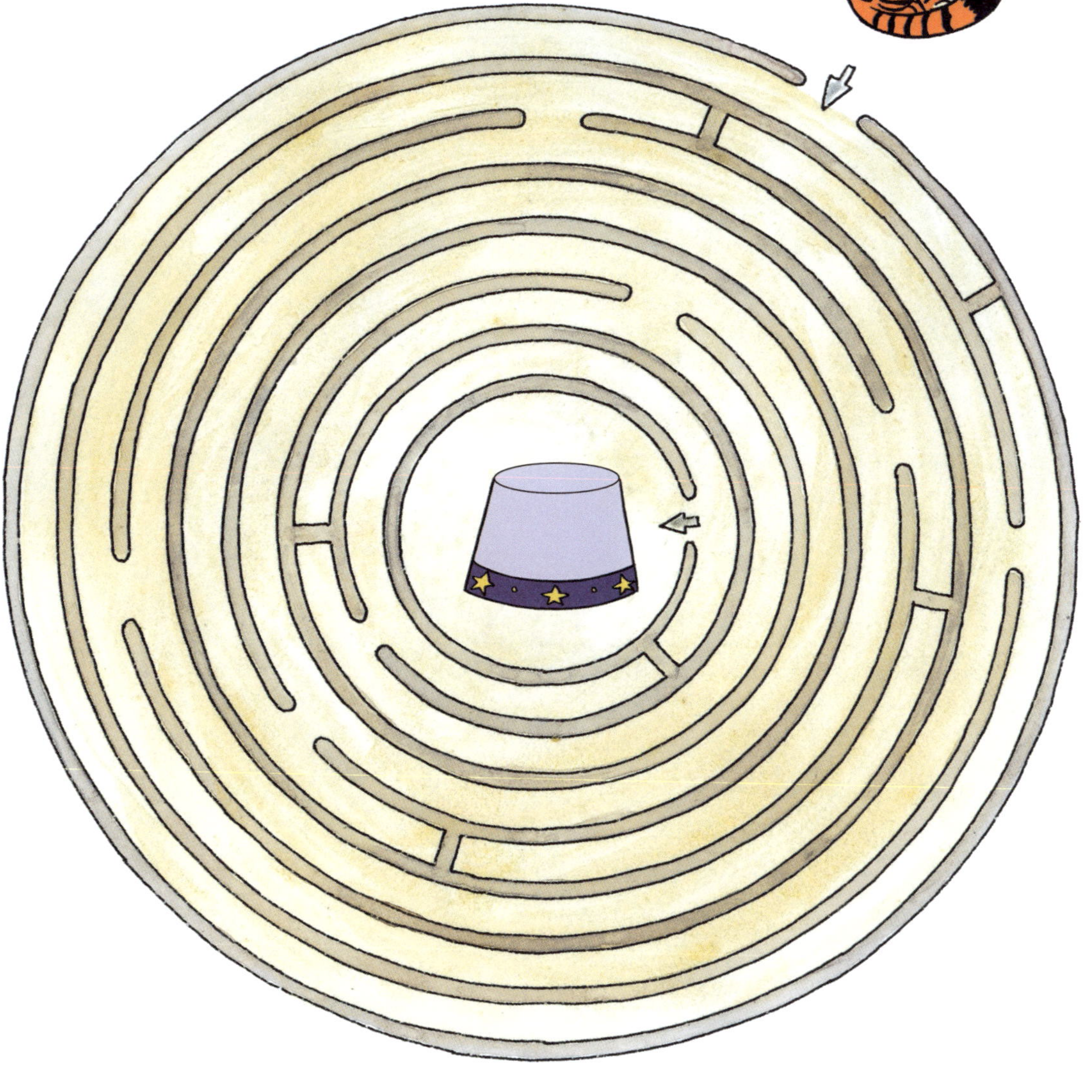

Hmm, lecker!

 „Hmm, lecker!", sagt Paul.
Ihm läuft das Wasser im Mund zusammen.
Male die Flächen in den richtigen Farben aus,
und du siehst, was hier auf dem Tisch liegt.

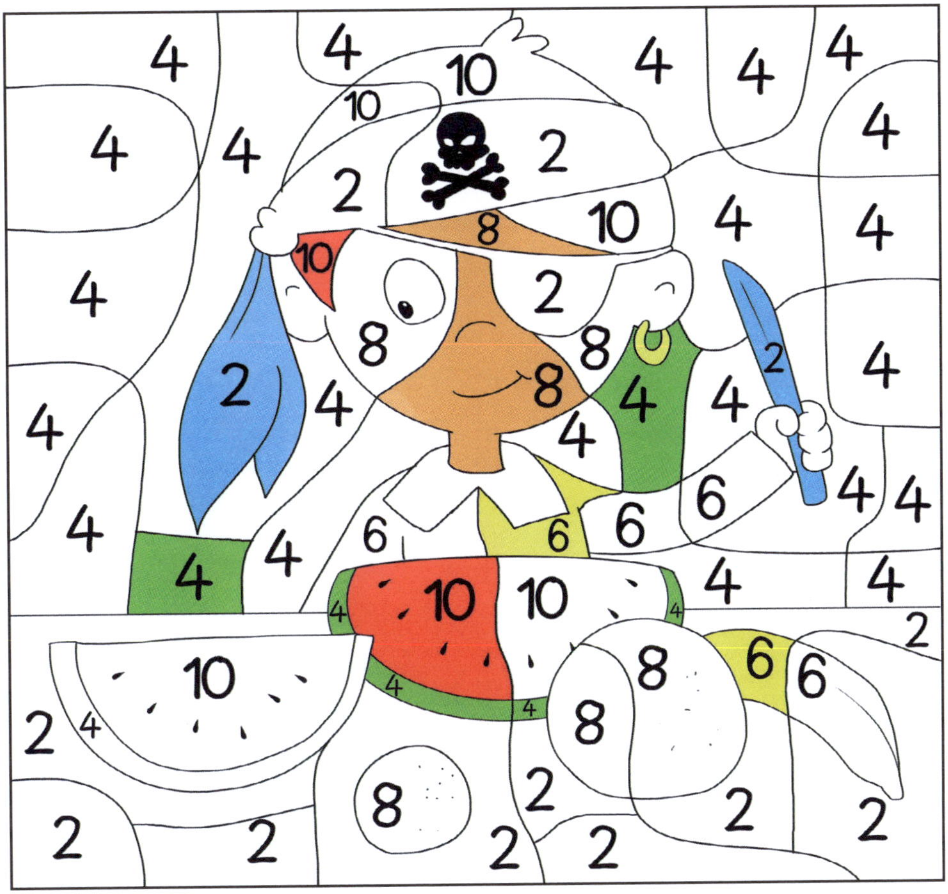

Der große Zaubertrank

Zauberlehrling Zambaroni überlegt,
was in den Zaubertrank kommt.
Hilf ihm und male den Kessel fertig. Verbinde von A bis Z.

A—B—C—D—E—F—G—H—I—J—K—L—M—

N—O—P—Q—R—S—T—U—V—W—X—Y—Z

Bilderdomino

Sprich laut. Immer zwei Dinge klingen am Anfang gleich.
Umkreise das Paar mit derselben Farbe.
Nimm für das nächste Paar eine andere Farbe.

Im großen Sumpf

Wer streckt hier das Maul aus dem Sumpf?
Findest du die Buchstaben unten im Sumpf wieder?
Male sie in den richtigen Farben aus.

M A U L

Spuren
im Sand

Wer läuft denn hier?
Zeichne die Spuren im Sand nach.

Was gehört zusammen?

 Immer drei Bilder gehören zusammen.
Male die Rahmen in der gleichen Farbe aus.
Erkläre, was du auf den Bildern siehst.

 Sprich das Wort laut.
Mit welchem Buchstaben beginnt das Wort?
Verbinde das Bild mit dem passenden Anlaut.

UHR

MAUS

WAL

KASSE

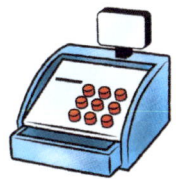

HAUS

H

U

W

M

K

Vor oder hinter?

 Lass dir die Sätze vorlesen.
Male die Bilder so aus, dass sie zu den Sätzen passen.

Vor der blauen Kiste
mit dem roten Deckel
steht ein grüner Becher.

Die blaue Vase steht hinter
der gelben Kiste.

Dario rennt

 Dinosaurier Dario rennt durch die Wüste.
Verbinde die Zahlen von 1 bis 20.

1 — 2 — 3 — 4 — 5 — 6 — 7 — 8 — 9 — 10 —
11 — 12 — 13 — 14 — 15 — 16 — 17 — 18 — 19 — 20

Schiff ahoi!

 Moritz und Anna sind am See. Doch alles ist voll Nebel.
Male die Flächen in den richtigen Farben aus,
und vertreibe den Nebel. Was siehst du?

K wie Kugel

Sprich das Wort laut.
Mit welchem Buchstaben beginnt das Wort?
Verbinde das Bild mit dem passenden Anlaut.

HUT

TAUBE

ZAUBERSTAB

MANTEL

KUGEL

Z

M

K

H

T

Piratenparty

Nils hat Geburtstag und feiert eine Piratenparty.
Alle Gäste haben sich verkleidet.
Doch immer zwei Paare sind gleich. Findest du sie?
Verbinde.

Obstsalat

 Lisa möchte Obstsalat machen und schneidet die Früchte in Hälften.
Kannst du mit einem Strich die ganzen Früchte mit den richtigen Hälften verbinden?
Male dann die Früchte so an, wie du sie kennst.

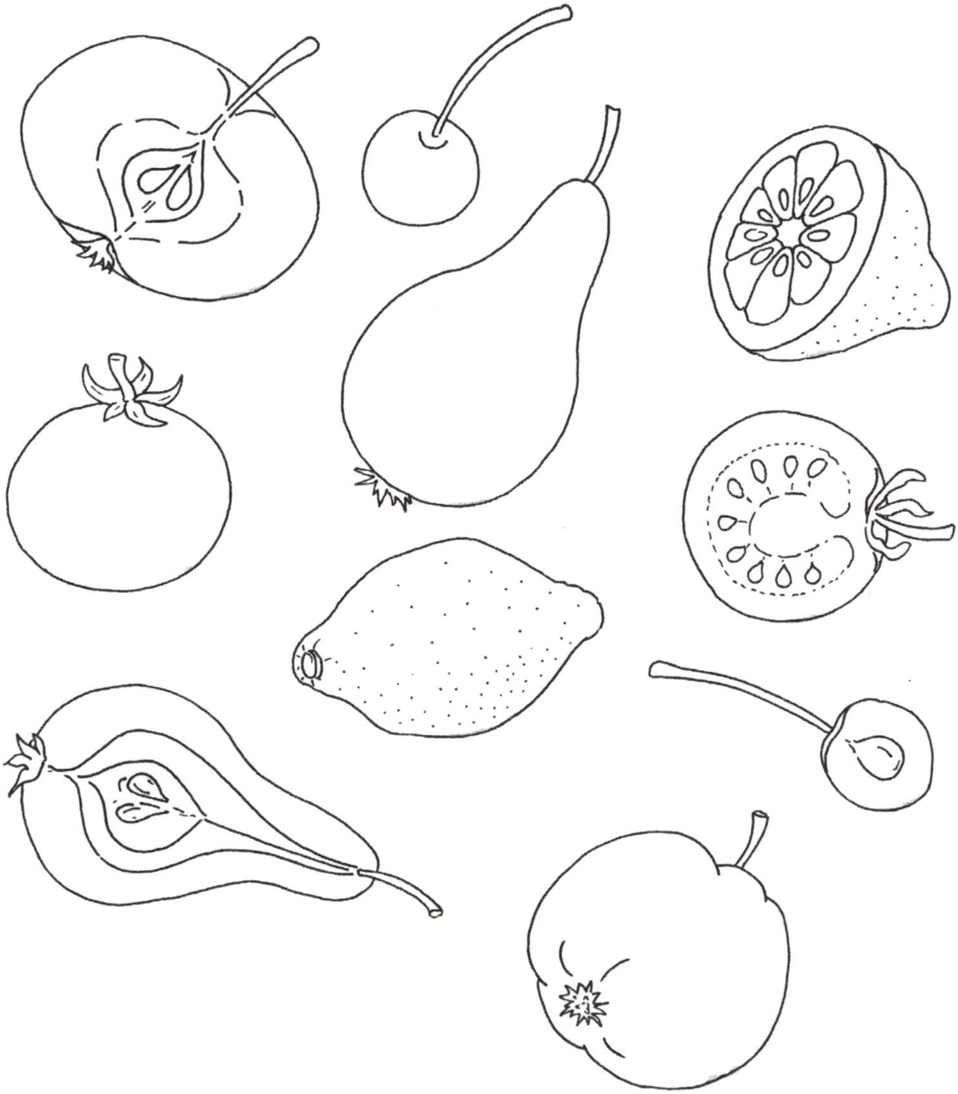

Im Land der Vulkane

 Findest du den Weg zwischen den Vulkanen und kannst das Wort lesen? Zeichne den Weg ein.

DI

NO

M wie Mütze

 Sprich das Wort laut.
Mit welchem Buchstaben beginnt das Wort?
Verbinde das Bild mit dem passenden Anlaut.

MÜTZE

HAHN

ZUG

BROT

KUH

Z

K

M

H

B

Telefon- nummer

Findest du unten die Zahlen dieser Telefonnummer?
Male sie in den richtigen Farben aus.

3 5 6 7 8

Bilde mit diesen Wörtern eine Wortkette.
Der letzte Buchstabe eines Wortes
soll der erste Buchstabe des nächsten Wortes sein.
Beginne mit dem **Hahn**, und verbinde die Bilder.

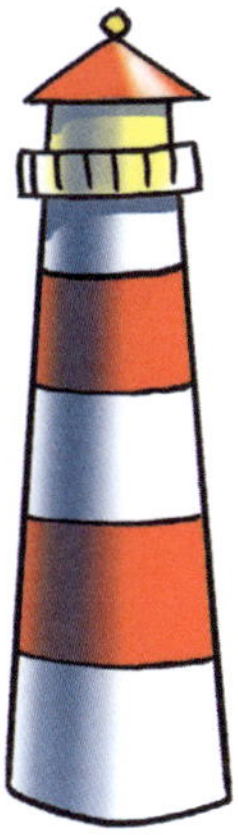

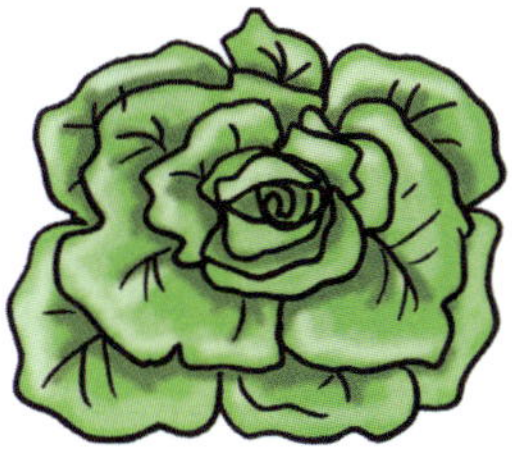

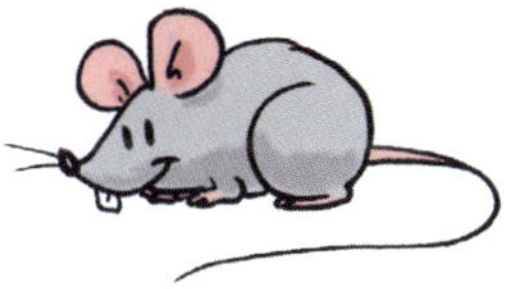

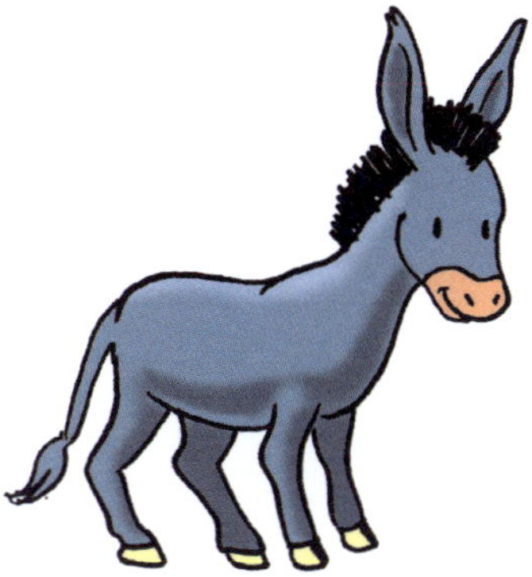

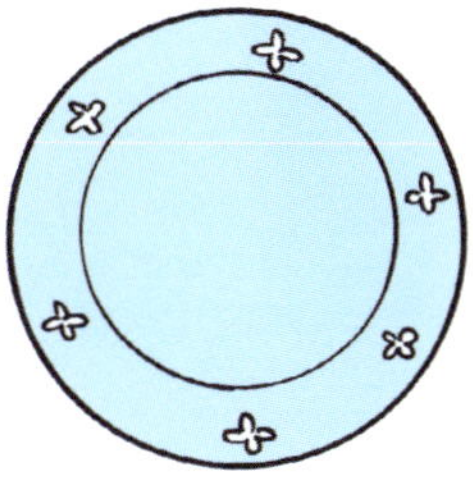

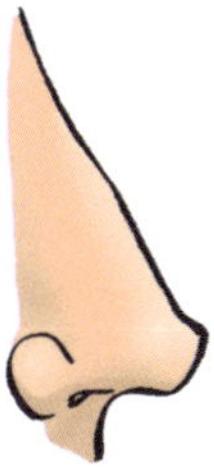

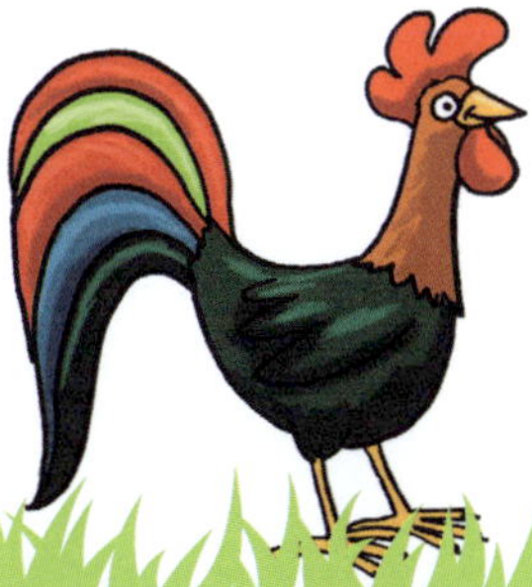

Zeitreise

Reise zurück in die Zeit der Dinos und treffe den Stegosaurus und Ankylosaurus. Zeichne die Rückenplatten nach.

Hilde, die Piratin

 Hilde, die Piratin ist mit ihrem Schiff unterwegs. Verbinde die Puzzleteile mit den passenden Lücken.

HILDE

L wie
Lupe

 Sprich das Wort laut.
Mit welchem Buchstaben beginnt das Wort?
Verbinde das Bild mit dem passenden Anlaut.

LUPE

HAUS

MAUS

ANKER

TURM

A

H

T

L

M

 Schau nach, wie diese Dinge bei euch
zu Hause aussehen.
Wie heißen sie? Male sie genauso an.

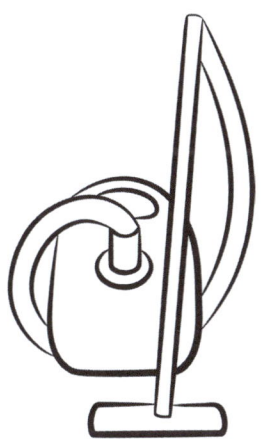

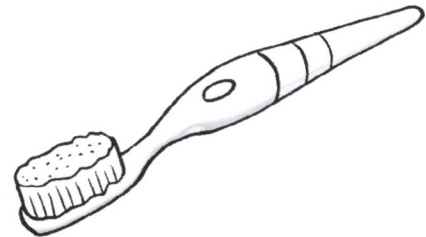

Im Meer

Welches Tier schwamm vor langer Zeit im Meer?
Verbinde die Zahlen von 1 bis 20.

1 — 2 — 3 — 4 — 5 — 6 — 7 — 8 — 9 — 10 —
11 — 12 — 13 — 14 — 15 — 16 — 17 — 18 — 19 — 20

 Henri putzt Schuhe.
Male die Felder in den richtigen Farben aus.

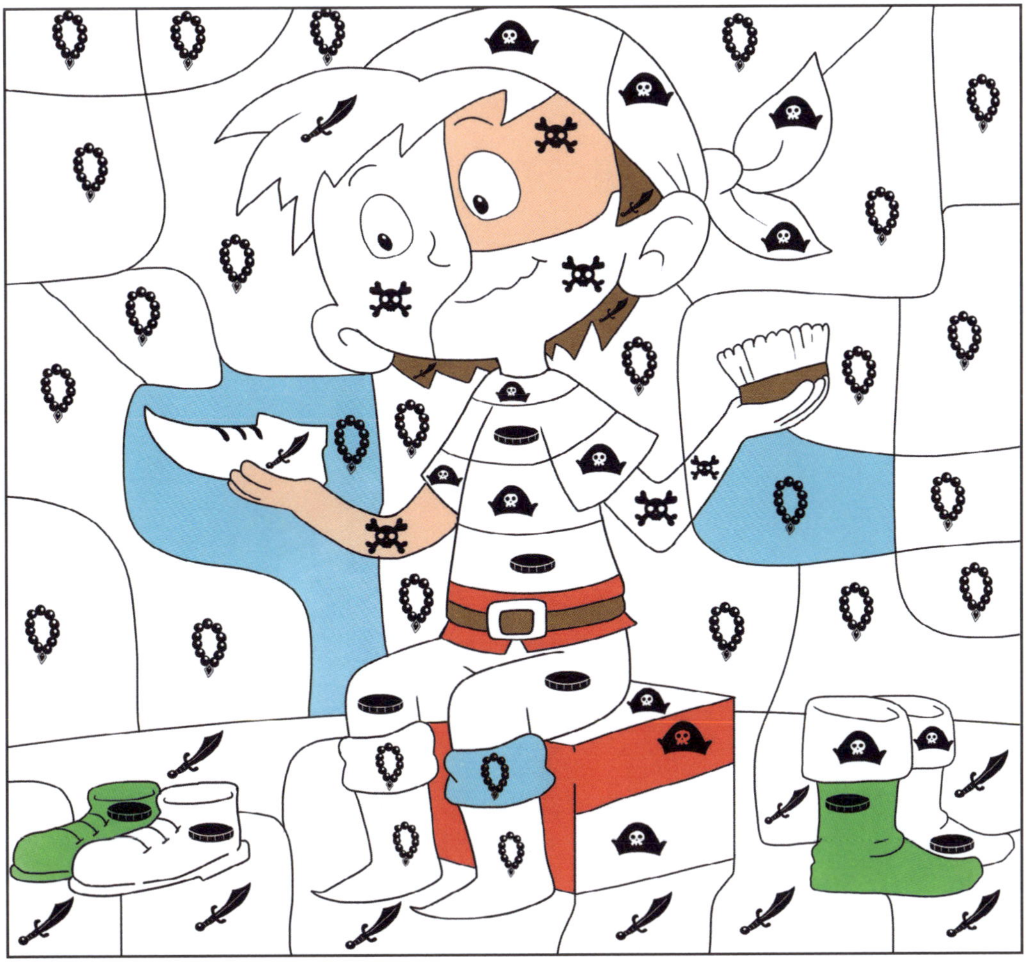

Lecker, das duftet!

 Überlege, was gehört zusammen?
Verbinde die Körperteile mit den passenden Dingen.

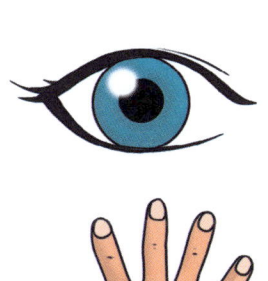

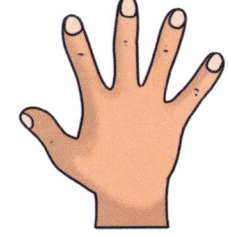

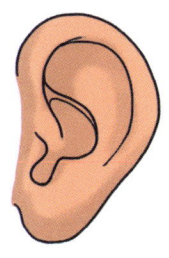

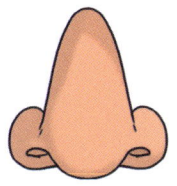

Kunterbuntes Mandala

 Male das Mandala aus.
Gleiche Bilder bekommen natürlich die gleiche Farbe.

P wie Papagei

Sprich das Wort laut.
Mit welchem Buchstaben beginnt das Wort?
Verbinde das Bild mit dem passenden Anlaut.

PAPAGEI

KATZE

RING

SONNE

TELLER

R

T

K

S

P

Findest du die Buchstaben in der Lava des Vulkan-Kraters? Male die Buchstaben in den richtigen Farben aus.

D I N O

Mein Hut, der hat drei Ecken

 Wie viele Hüte tragen die Männer?
Und wie viele Messer liegen hier?
Verbinde.

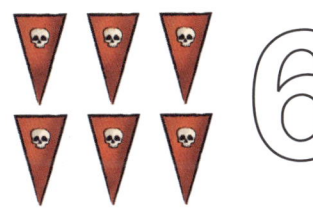 6

 2

 3

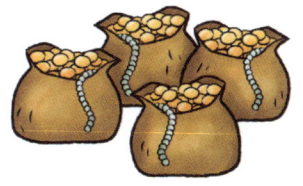

 5

 4

 Finde heraus, welches Muster sich ergibt,
wenn du die Figuren oben übereinander malst.
Kreise das richtige Muster ein.

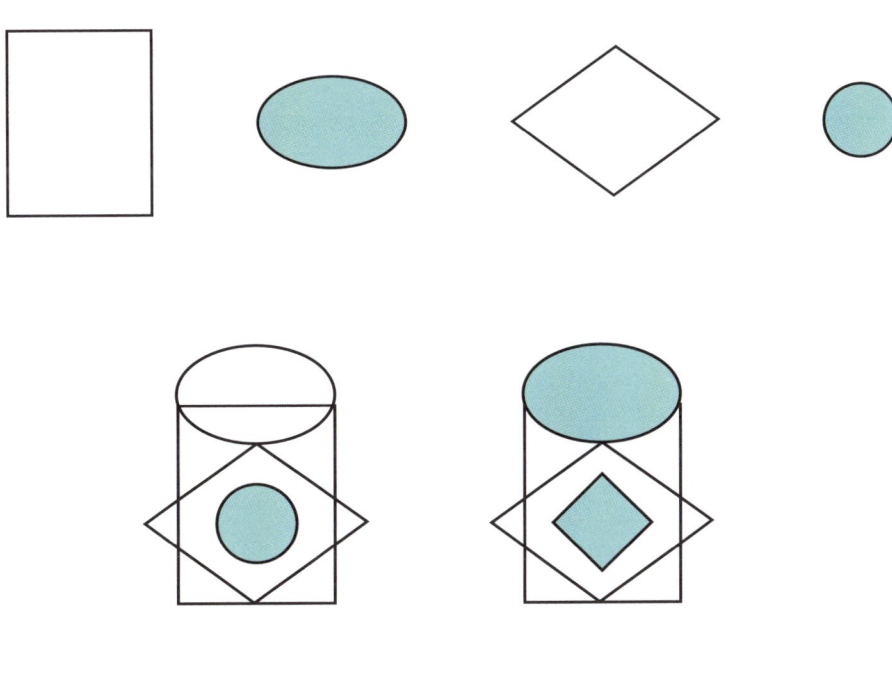

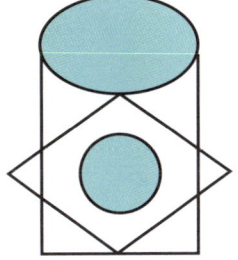

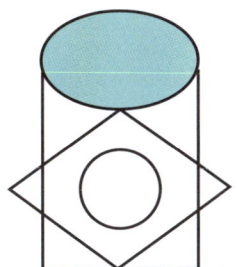

Sprich das Wort laut.
Mit welchem Buchstaben beginnt das Wort?
Verbinde das Bild mit dem passenden Anlaut.

ANKER

BESEN

NASE

TOPF

ESEL

E

A

B

N

T

Tanz
der Riesen

 Finde die tanzenden Dinos unten im Bild,
und male sie in den richtigen Farben aus.

Die Fünf

Kennst du schon die 5?
Verbinde immer die gleichen 5er.

 Findest du alles, was kuschelig weich ist?
Male es an.

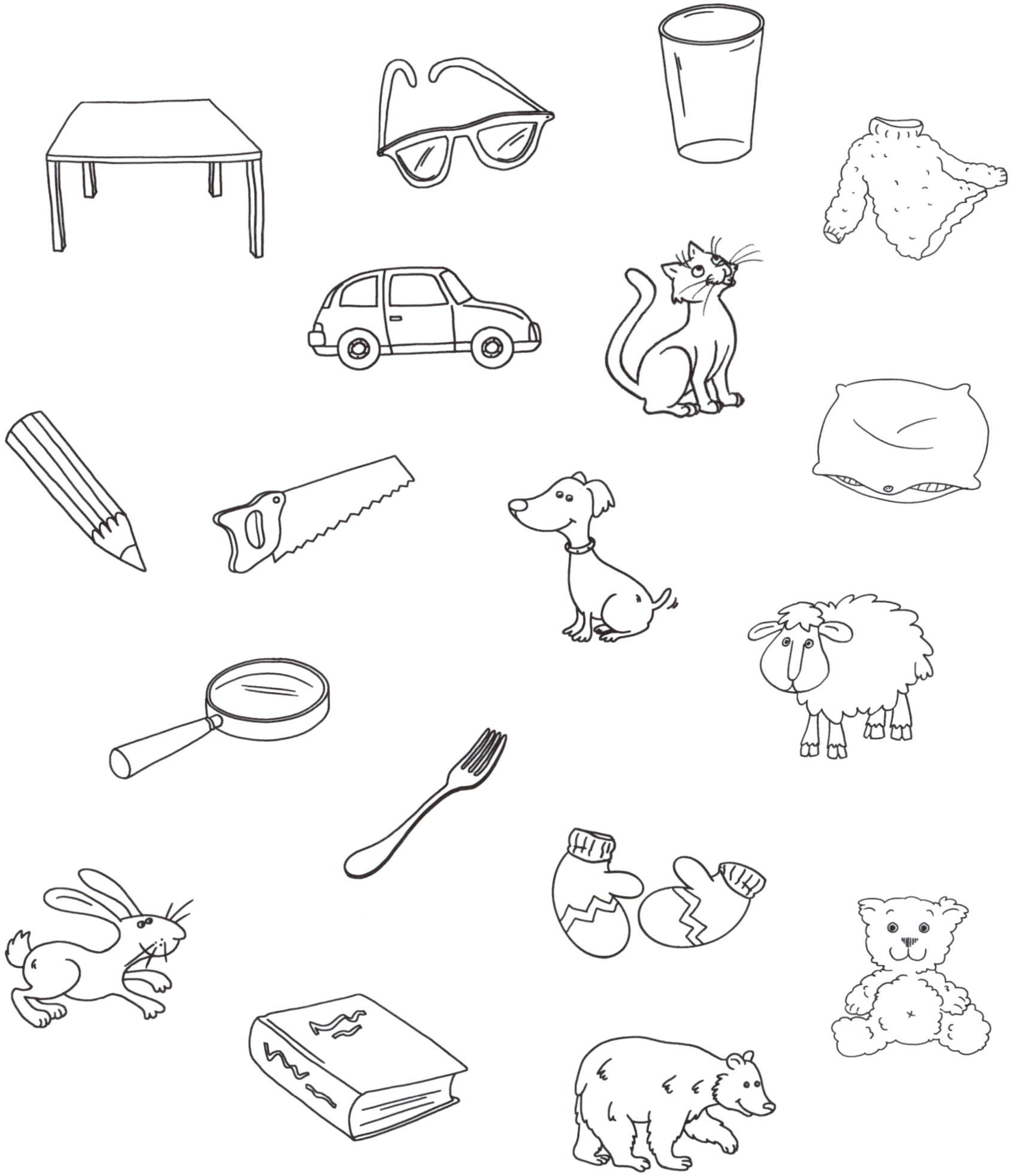

R wie Rock

Sprich das Wort laut.
Mit welchem Buchstaben beginnt das Wort?
Verbinde das Bild mit dem passenden Anlaut.

ROCK

ANKER

BESEN

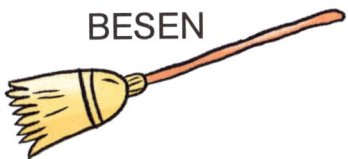

ZEBRA

B

R

Z

A

 An einem stürmischen Herbsttag gibt es hohe Wellen, und das Piratenschiff wird durchgerüttelt.
Zeichne die großen Wellen nach.

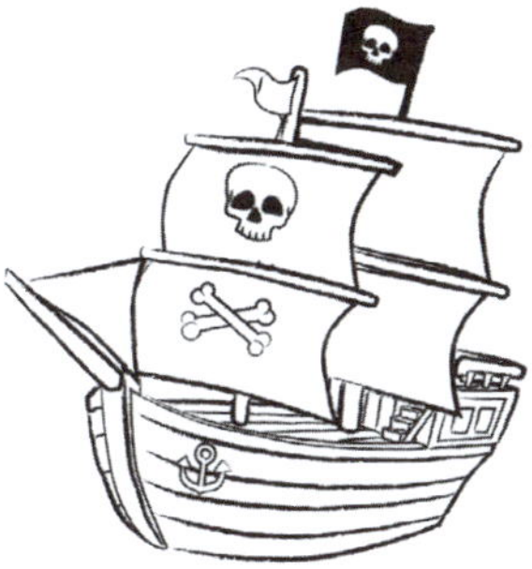

Turm bauen

 Baue einen Turm mit diesen Steinen.
Male den Turm unten in den richtigen Farben aus.

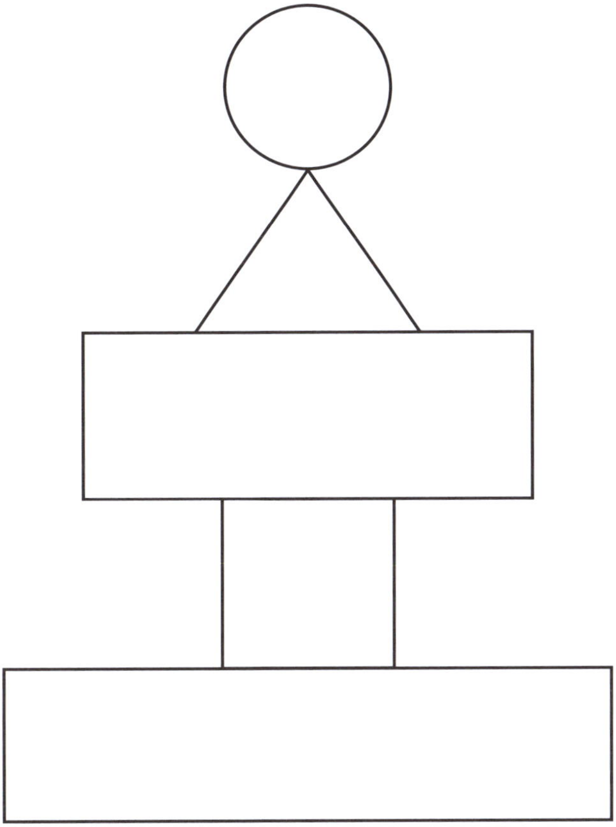

Frido und Siggi

 Flugsaurier Frido trifft seinen Seehund-Freund Siggi. Findest du diese Dinge im Bild? Kreise ein.

Im Kindergarten

 Die Erzieherin zählt die Kinder im Kindergarten.
Zähle mit, und finde die Zahlen unten im Bild.

1 2 3 4 5

Wir verreisen!

Die beiden Freundinnen Lea und Toni wollen verreisen.
Lea möchte gerne an einen sonnigen Strand.
Toni fährt lieber Ski. Wer muss welche Dinge einpacken.
Verbinde die Dinge mit dem richtigen Koffer.

S wie Sonne

Sprich das Wort laut.
Mit welchem Buchstaben beginnt das Wort?
Verbinde das Bild mit dem passenden Anlaut.

SONNE

MUND

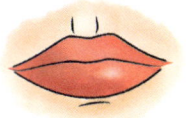

BOOT

KATZE

TONNE

B

K

T

M

S

Die rätselhafte Kiste

 Male die Felder in den richtigen Farben aus.
Ali überlegt, was wohl in dieser Kiste sein könnte.
Hast du eine Idee?

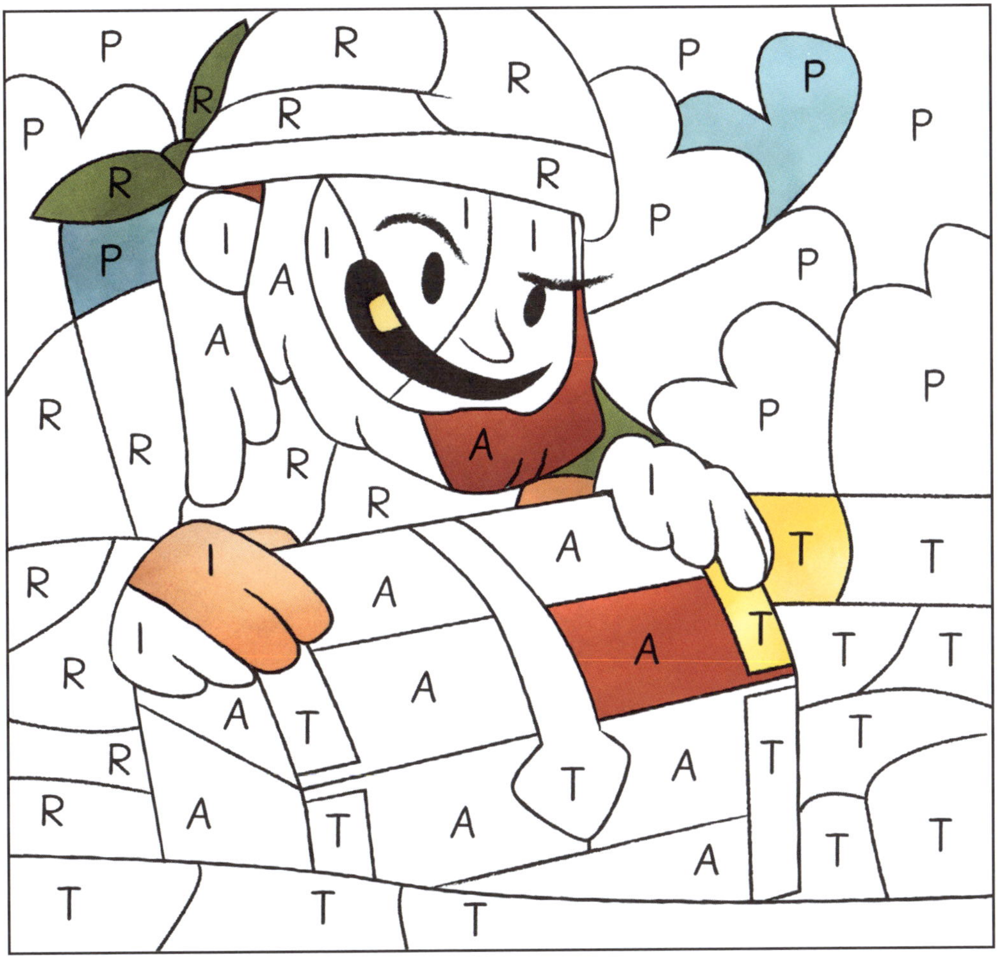

Die Sechs

 Findest du alle Tiere, die sechs Beine haben?
Kreise ein.

 Moritz hat immer zwei gleiche Dinosaurier-Spielfiguren.
Findest du sie? Verbinde.

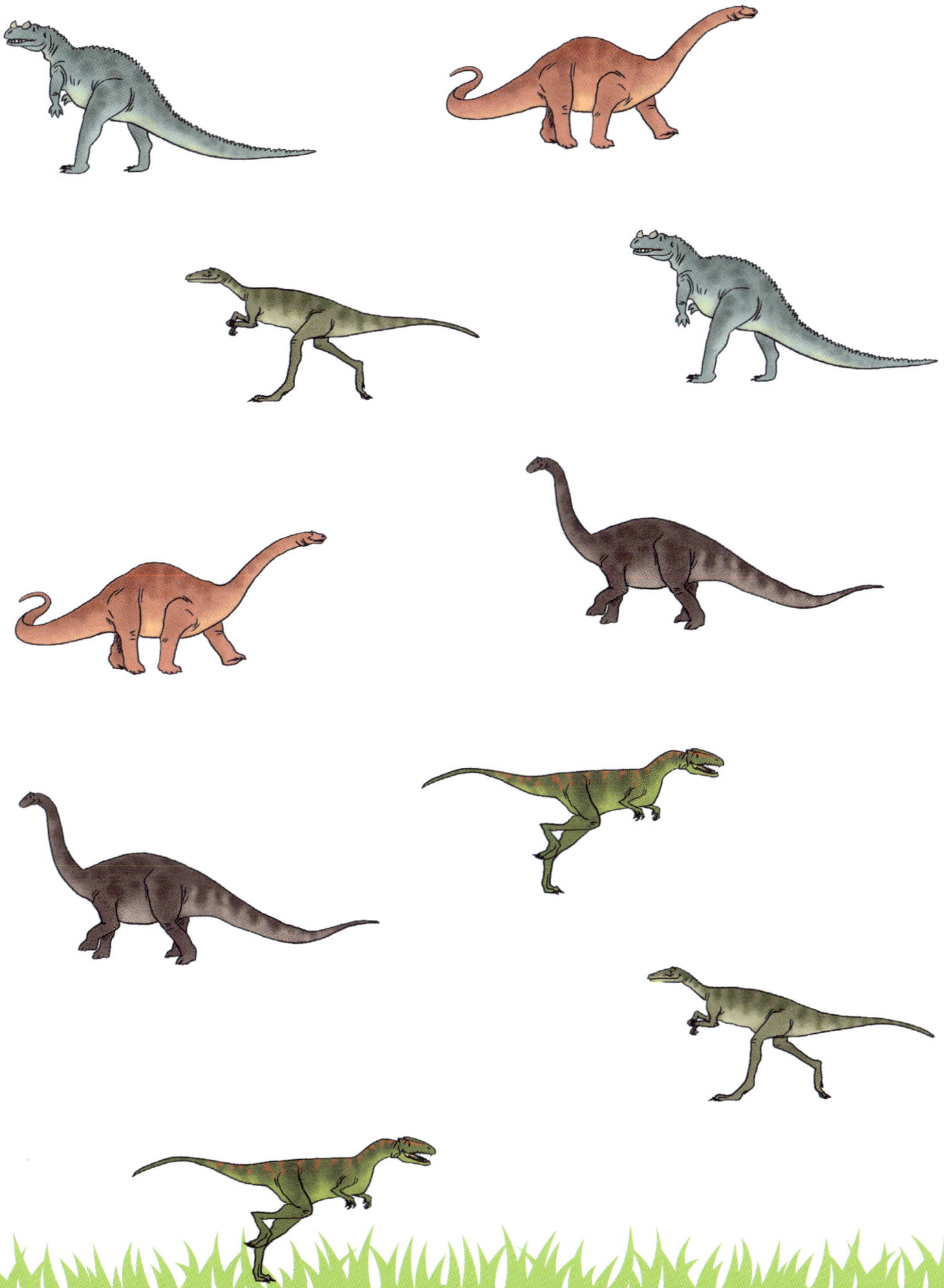

Die Kugelbahn

Simon hat eine Kugelbahn.
Findest du diese Buchstaben unten?
Male sie in den richtigen Farben aus.
Die Kugeln kannst du grün ausmalen.

K U G E L

Was gehört zusammen?

 In jeder Reihe gehören 3 Dinge zusammen. Male sie aus. Streiche das falsche Teil durch.

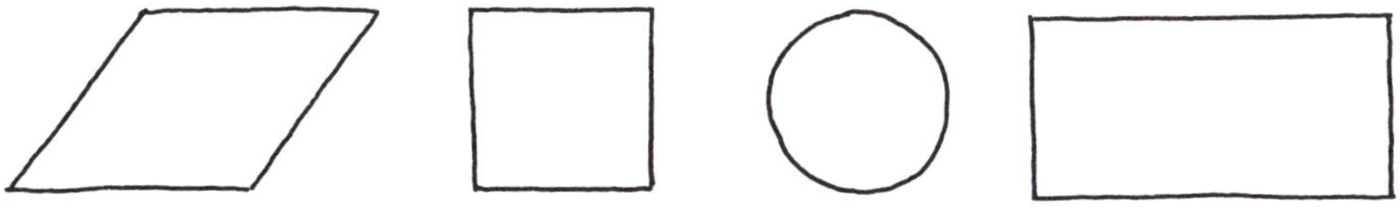

F wie Fisch

Sprich das Wort laut.
Mit welchem Buchstaben beginnt das Wort?
Verbinde das Bild mit dem passenden Anlaut.

FISCH

UHR

IGEL

PROPELLER

LÖWE

L

U

P

F

I

Tierisch groß

Verbinde die Buchstaben von A bis Z.
Welches Tier siehst du hier?

A — B — C — D — E — F — G — H — I — J — K — L — M —
N — O — P — Q — R — S — T — U — V — W — X — Y — Z

R

Q

S

P

J

I

H

O

K

N

G

T

M

D

U

L

F

E

C

B

A

V

W

X

Y

Z

Auf der Blumenwiese

 So viele Krabbeltiere! Kreise ein:
alle Blumen, die 5 Blütenblätter und
alle Marienkäfer, die 5 Punkte haben.

 Male alles bunt an.

Auf großem Fuß

 Welches Tier hat welche Spur hinterlassen? Verbinde.

Z wie ZirKus

Sprich das Wort laut.
Mit welchem Buchstaben beginnt das Wort?
Verbinde das Bild mit dem passenden Anlaut.

KÄSE

UHR

IGEL

SALAT

ZWERG

RING

Z
I
R
K
U
S

Schnecken- häuser

 Zeichne jeder Schnecke ein Häuschen auf den Rücken. Male sie an.

Bibliografische Information der Deutschen Nationalbibliothek
Die Deutsche Nationalbibliothek verzeichnet diese Publikation in der Deutschen Nationalbibliografie;
detaillierte bibliografische Daten sind im Internet über http://dnb.dnb.de abrufbar.

10. Auflage 2025

Dieses Werk folgt der neuesten Rechtschreibung und Zeichensetzung.

© PONS Langenscheidt GmbH, Stöckachstraße 11, 70190 Stuttgart 2018. Alle Rechte vorbehalten.
www.klett-lerntraining.de

Illustrationen: Nadine Bougie, Viersen; Madlen Frey und Till Bayreuther, Münster;
Veronika Mischitz, Esslingen; Silke Reimers, Mainz
Satz: tebitron gmbh, Gerlingen
Druck: AZ Druck und Datentechnik GmbH, Kempten
Printed in Germany
ISBN 978-3-12-949553-7